27,–

Wolfgang Mettenberger



# Tatort Theater

Ein praktischer Leitfaden für die Schul- und Amateurbühne

Burckhardthaus-Laetare Verlag

Die Reihe „8–13" wird von Hajo Bücken und Peter Musall für Mitarbeiter in der Gruppenarbeit mit Kindern von 8–13 Jahren herausgegeben. Jährlich erscheinen 2 Bände. Die Bände sind einzeln oder fortlaufend zu beziehen.
(Beim fortlaufenden Bezug sparen Sie ca. 15%).



Schumannstr. 161,
6050 Offenbach/M.

CIP-Kurztitelaufnahme
der Deutschen Bibliothek

**Mettenberger, Wolfgang:**
Tatort Theater: ein praktischer Leitfaden für die Schul- und Amateurbühne / Wolfgang Mettenberger. (Fotos: Michael Schulz). - Offenbach/M.: Burckhardthaus-Laetare-Verl., 1993

(8–13) ISBN 3–7664-9295–0



Umschlaggestaltung:
Peter Weber, Bremen, unter Verwendung einer Vorlage von Eckhard Stanzel, Heidelberg

Fotos: Michael Schulz, Neckargemünd

Herstellung:
Joachim Emrich, Gelnhausen

Satz, Druck und Verarbeitung:
RGG-Druck, Braunschweig

# Inhalt

## Was will dieses Buch?

Bei der Beratung von Amateur-, Laien- und Schultheatergruppen, beim Besuch zahlreicher Aufführungen werde ich immer wieder gefragt: Was kann ich tun? Was kann ich besser machen? Wie machst du / machen Sie das? Was soll ich tun, wenn…? Was für einen Text sollen wir nun spielen? Sollen wir überhaupt einen vorgegebenen Text spielen? Wie sollen wir dieses Stück angehen, wie jenes? – Was mache ich falsch, wenn sich die Gruppe plötzlich gegen das Stück sperrt? Ist die Aufführung wichtig oder der Prozeß? Was muß ich beachten, wenn ich ein Stück zur Aufführung bringen möchte oder einfach nur eine Lesebuchgeschichte inszeniere? Wie kann ich eine Probe gut und lebendig gestalten und durch viele Proben eine ganze Aufführung? – Fragen über Fragen, die alle nach Rezepten rufen …

Indes ist gerade das Theater als in der Praxis entstehende künstlerische Darstellungsform menschlichen Ausdrucks und Empfindens alles andere als die mit Rezepten zu erlernende literarisch-ästhetische Grundform. Aber wie in jeder künstlerischen Ausdrucksform sind auch die Gesetze des Theaters begreifbar zu machen, ist sein Handwerkszeug zu erlernen. Allerdings setzt dies schon bei Aristoteles „PRAXIS" voraus, Übung! – Hinzu kommt eine ganze Fülle gruppendynamischer Prozesse, ein Kaleidoskop von Aktionen und Reaktionen, zwischenmenschlichen Nähen und Distanzen und – speziell für das Schultheater – die ganze Palette pädagogischer Verantwortlichkeiten …

Was aber gerade das Theater in der Schule und in Jugendgruppen so beliebt macht, was junge Menschen hier weder Mühen noch Zeit scheuen läßt, ja, was sie oftmals in schwierigen Entwicklungsphasen *ihr* Theater als Anker im Alltag erleben läßt, hat mit Sicherheit sehr viel mit dem Begriff der „Lebensganzheitlichkeit" zu tun, aus dem das Theater seine Kraft schöpft und die auf der anderen Seite auch zur Kraftquelle werden kann.

In einer Zeit fortgesetzter Mediatisierung und damit einhergehendem Rückgang unmittelbaren Erlebens kommen gerade dem Schul- und Amateurtheater mit seiner besonderen Chance, echte, unmittelbare Erlebnisfähigkeit zu schenken, große Aufgaben zu. Lebensganzheitlichkeit wurde zum Schlüsselbegriff nicht nur für die Kunsterziehung (vergl. u.a. auch die Kunstkonzeption des Landes Baden-Württemberg), sondern sie wird in den nächsten Jahren in weitaus stärkerem Maße auch andere Fächer berühren und durchdringen müssen: Identität und Authentizität als Ausgangsbegriffe für den praktischen Umgang mit Theater – Theater *spielen* als Form literarischen Entdeckens, als Möglichkeit der Selbsterfahrung und -entdeckung, als Chance gemeinsamen Zugangs zu Themen und Problemen meines eigenen Lebens, meiner Zeit, meiner Welt und zu ihrer Bewältigung.

Es ist darüber viel geschrieben worden – aus viel berufenerem Munde: Stanislawski, Grotowski, Strasberg, Brecht, Michael Tschechow, Barrault, Peter Brook – neuerdings Dario Fo, Peter Zadek... Es gibt auch genug sog. „Handwerkshilfen“ für die praktische Umsetzung von Theater. Ich möchte hier stellvertretend nur das Reclam-Heftchen von Dieter Neuhaus oder das Rowohlt-Buch „Theater zwischen Tür und Angel“ erwähnen oder die theaterpraktische Sammlung der „Theater- und Spielberatung Baden-Württemberg e.V.“ – Warum also noch eine solche theaterpraktische Hilfe? –

Die Ausgangsfragen mögen eine Berechtigung darstellen. Zum anderen: Auf der Grundlage eigener jahrelanger Theatererfahrungen im professionellen, im Amateur- und Schultheater und im Bereich der Theaterfortbildung soll hier einmal der Versuch unternommen werden, einen „Theaterwork-shop“ zum Theater „Von der ersten Probe bis zur Aufführung“ in einer Art curricularem Überblick aufeinander aufbauender Ansätze und Vertiefungen niederzuschreiben. Wir wissen, wie schwierig es ist, in einem so kreativen Prozeß, wie ihn das Theater voraussetzt mit seinen gegenseitigen Impulsen, seinem „Gewicht geben – Gewicht nehmen“, von Curriculum zu sprechen.

Trotzdem, die Tatsache, daß so viele Kolleginnen und Kollegen immer wieder auch plötzlich mit der Frage konfrontiert werden: „Können Sie das nicht machen?“ – mag diesen praktischen Leitfaden rechtfertigen. Er möchte zu eigenem Theaterschaffen ermutigen, die eigene Arbeit bereichern, vielleicht verbessern, zumindest aber Tips geben, viele Tips und Kniffe für den Spielleiter durch ein Jahr Schul-, Vereins- oder Amateurtheaterarbeit von der ersten Begegnung bis zur Aufführung.

Das Buch ist so aufgebaut, daß wir vom ersten gemeinsamen Treffen der Gruppe ausgehen und dem Werden des Ensembles bis zur Aufführung eines fertigen Stückes folgen. Eingebettet ist dieser Prozeß in einer Reihe von Übungen, Tips, Hintergrundinformationen, die helfen sollen, den eingeschlagenen Weg mutig weiterzugehen. – Da viele Kolleginnen und Kollegen hier Neuland betreten, ist die eigene Übung unerläßlicher Bestandteil, auch die Teilnahme an theaterpraktischen Kursen. Für weitergehende Fragen und praktische Hinweise werden dieser Schrift deswegen auch Adressen beigefügt.

Für den Bereich „Regie“ bin ich hier besonders Ideen von Arno Hermer und Marianne Jensen gefolgt, die mit ihrer Arbeit das Schul- und Amateurtheater in Baden-Württemberg nachhaltig präg(t)en. Wolfgang Schmidt-Vinsonhaler und der Schauspielerin Doris Merz bin ich für Tips im Bereich „Körpertheater“ besonders dankbar, meinen Lehrern aus dem professionellen Theater, Wolfgang Ohm und Eberhard Streul, danke ich für ihre jahrelange behutsame Betreuung, meinen Schülern dafür, daß sie dieses Wagnis mittragen, und meiner Familie für ihr großes Verständnis.

*Wolfgang Mettenberger*

## Benutzungshinweise und Aufbau

Es hat sich als sinnvoll erwiesen, beim Aufbau des Buches ähnlich wie in der Praxis selbst vorzugehen, d.h. zunächst nicht von einem Text aus, sondern von dem, was ist: Menschen, die miteinander Theater spielen wollen. Viel zu häufig kommt ja der Spielleiter/Regisseur immer noch mit den Textbüchern unterm Arm in die Probe, teilt aus, besetzt und beginnt sofort mit dem „textabhängigen" „Buch-Spiel", bei dem ja die Spieler meist hilflos im Raum stehen oder sitzen und das eigentliche Spiel viel zu kurz kommt. Erst im zweiten Teil des Buches ( wenn jeder eigentlich weiß, was „Spielen" ist) wird dann der Text oder die Spielvorlage stärker in den Vordergrund treten, wird nach Möglichkeiten seiner Umsetzung gesucht. Im dritten Teil stehen dann mehr allgemeine Tips und Techniken im Mittelpunkt sowie die Erarbeitung eines organisatorischen Gesamtrahmens; Beispiele für Probenabläufe sollen dann im vierten Teil behandelt werden.

Natürlich ließen sich zu jedem der angeführten Punkte eigene Abhandlungen schreiben (und eigene theaterpraktische Workshops besuchen). Diese Vertiefung kann aber nicht Sinn eines solchen Leitfadens sein. Jeder Benutzer ist dann aufgefordert, die einzelnen Schwerpunkte selbst zu gewichten und in der jeweiligen Kombination von Übungen die Schwerpunkte selbst zu setzen, welche die Praxis im speziellen Fall erfordert. Mir kam es darauf an, für diesen Leitfaden ein möglichst sinnvolles Netz unterschiedlicher Übungen zu erstellen. In der Arbeit mit ihnen läßt sich das Spektrum beliebig erweitern und in der eigenen Fortbildung vertiefen.

Noch ein Wort zu den Zielgruppen: Dieses Buch sollte möglichst allen Spielleitern eine Hilfe sein. Daher werden Sie Übungen finden, die eher dem Grundschüler und seinem Spielbedürfnis entsprechen, wieder andere sind ausschließlich dem jugendlichen Spieler vorbehalten. Leicht können Sie sich Ihre Proben daraus selbst zusammenstellen. Ihrem eigenen Erfindungsreichtum sind keine Grenzen gesetzt. Überraschen Sie Ihre Gruppe immer auch wieder mit neuen Einstiegen.

# Einführung in das Theaterspielen

1

Wir starten mit dem Aufwärmen, lernen uns kennen und vertrauen. Es kommt der Körper ins Spiel, es geht um Interaktion und um die sensiblen Teile des Menschen. Zentrum, Körpermitte und Konzentration sowie Atem und Stimme folgen, bis wir improvisieren lernen.

# Einführung in das Theaterspielen

## Aufwärmen – Das „Warming-up"

Es hat sich in der Praxis des Schauspielens als unerläßliche Hilfe erwiesen, sich selbst für die Bühne, für den Auftritt, die Probe bereitzumachen. Das „warming up" ist ein Sich-Bereitmachen für das Spiel, ein körperliches und mentales Sich-Fitmachen für die Szene, den Mitspieler – ein Abschalten vom Alltag (mit seinen völlig anderen Anforderungen), ein Sich-Finden, Sich-Einfinden: in der Gruppe auch ein gemeinsamer Start vom „ich" zum „wir".

Als Aufwärm-Übungen können alle Übungen angesehen werden, die uns körperlich, geistig, seelisch für die Bühne öffnen, neben gymnastischen Übungen insbesondere auch Übungen aus anderen Kulturen, wie sie gerade in den letzten Jahren aus dem fernöstlichen Raum (Yoga, Tai-Chi, Kundalini ...) zu uns gekommen sind, aber auch Lockerungsübungen, Körper-, Ausdrucks-, Vertrauensübungen...

Beispiele

### *1) Katz und Maus*

Je nach Personenzahl bilden wir 1–2 Kreise. Die Maus befindet sich innerhalb des Kreises, die Katze außen. Die Katze muß die Maus zu fangen versuchen, der Kreis muß es verhindern.
*a) Variation:* Der Katze sind alle Mittel erlaubt, z.B. auch Teilnehmer des Kreises zu kitzeln ...

*b) Variation:* Kann auch ohne Maus gespielt werden – dann muß man z.B. von innen nach außen gelangen.

### *2) Geier und Henne*

Je nach Personenzahl bilden wir 1–2 Menschenketten, wobei jeweils der Hintermann/frau den Vordermann/frau um den Bauch faßt. Der / die erste der Reihe, der Kopf, ist die Henne, der / die letzte das Küken, das der Geier zu fassen versucht. Die Henne als Kopf der Menschenschlange muß es zu verhindern versuchen.

Abbau von Körperscheu und Berührungsängsten, wie auch bei Spiel 1

### *3) Wolf und Lamm*

Teilnehmer stehen als Zweiergruppen paarweise im Kreis. Der Wolf versucht das Lamm zu fassen. Dieses kann sich an eine Zweiergruppe (Insel) anstellen (festhalten), daraufhin muß der andere Partner der Insel als Lamm weglaufen und der Wolf nun dieses zu fassen versuchen.

Dieses Spiel kann variiert werden, indem z.B. ein Partner der Insel selbst helfend zum Lamm läuft und damit den anderen Partner, den verlassenen, zum Lamm macht.

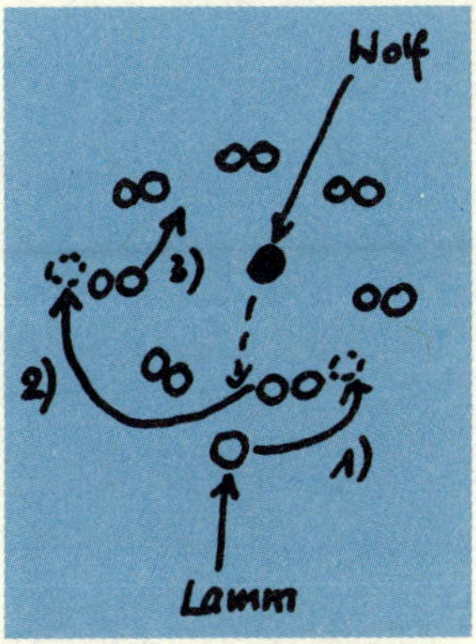


Beobachtung, Schnelligkeit, Reaktion

### *4) Wolf und Lämmer*

Der Wolf versucht alle Teilnehmer zu berühren, wobei jeder auf Berührung „einfrieren" muß, d.h. auf „Stop" in Bewegung, Gestik, Gang, Mimik verharren (dabei überlegen, was machen meine Hände, mein Gesicht, mein Körper, meine Mimik – Wer bin ich in Raum und Zeit?) – Man kann dabei durch noch „Freie" erlöst werden, indem sich diese in der

Hohe Anforderung an Konzentration, Selbstbeobachtung, mimisch-gestisches Ausdrucksspiel

gleichen Mimik / Gestik / Körperhaltung wie ein Spiegel vor einen stellen. Beide dürfen dann wieder weiterlaufen und sich vor dem Wolf zu retten versuchen oder andere „befreien“.
*Variation:* kann verändert werden durch mehrere Wölfe

### *5) Roboter*

Konzentrationsfähigkeit

Partnerspiel. Einer ist Roboter, einer Bediener. Der Bediener muß versuchen, den Roboter so durch den Raum zu manövrieren, daß kein Zusammenstoß vorkommt. Bedienungsanleitung:
Rückendruck = los!
Knopfdruck/Kopf = stop!
rechte Schulter = rechts herum!
linke Schulter = links herum!

*Variationen*

a) Roboter hat einen Defekt, geht statt rechts links herum o.ä. Bediener muß trotzdem versuchen, die Vernichtung zu verhindern.

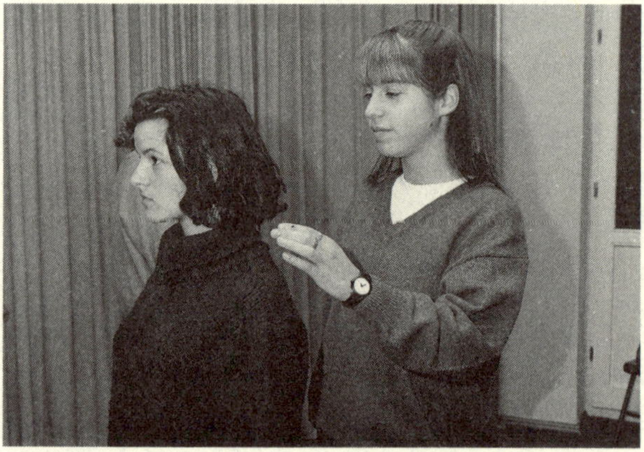

b) Roboter beschleunigen das Tempo. Wettbewerb: Welcher Roboter lebt am längsten?
c) Ein Bediener bedient gleichzeitig drei Roboter. (Rücken an Rücken aneinanderstellen und auf gleichzeitigen Knopfdruck in Gang setzen)

### *6) Autowaschanlage*

Abbau von Berührungsängsten wie 7)

Jede/r Mitspieler/in denkt sich einen Autotyp aus und fährt als dieses Auto auf allen Vieren durch den Raum (Geräusche nicht vergessen! – vielleicht auch Mimik?!).

Alle Teilnehmer bilden nun zwei Reihen (auf Knien / Fersen sitzen) durch die jedes Fahrzeug der Reihe nach (auf allen Vieren) durchfahren muß und dabei ordentlich geschrubbt wird.

### *7) Kitzelspiel*

Jeder kitzelt jeden – wird von jedem gekitzelt.

### *8) Tanzen*

a) nach eigenem Klatsch-Rhythmus
einer im Kreis, die Gruppe um ihn herum, tanzt nach, was der Kreistänzer vortanzt – Kreistänzer sucht sich einen anderen aus, tanzt vor diesem und wird dann von diesem abgelöst…
b) kann natürlich auch mit jedem Tanz aus dem „Rekorder“ gemacht werden
c) freies Tanzen (jeder für sich) – mit offenen oder geschlossenen Augen
d) Tanzspiele jeder Art – z.B. „Bluesfangen“ (jemand ist der Fänger, der im Rhythmus sich ein Opfer fängt, Wechsel des Fängers oder „Vermehrung“)
e) Körpertanz – z.B. nur Rücken an Rücken – sitzend und stehend mit den Hüften sich stoßend – Bodycheck

### *9) Gehen im Raum*

*a) Gehen im Kreis* (linke Schulter nach innen)
– dabei den Raum wahrnehmen,
– Luft spüren,
– Atem beachten.

Konzentration; Eingehen auf Mitspieler; Wahrnehmung und Sensibilisierung des Raum-, Zeitgefühls

☐ *Verschiedene .Gangarten*
auf den Fersen,
auf Innenrist,
auf Außenrist,
auf Zehen abrollen

☐ *Verschiedene Tempi*
steigern von langsam bis schnell
gemeinsames Tempo finden – jeden mit dem „dritten Auge“ (aus Augenwinkeln) wahrnehmen
gemeinsam beschleunigen und verlangsamen

auf gemeinsamen Impuls (Klatschen) „einfrieren" (Stop!)
auf Klatschen Richtungswechsel des Gehens!
Richtungswechsel ohne Klatschen!
Jeder darf beliebig die Richtung wechseln – Kreis muß darauf reagieren.

*b) Kreis auflösen* – jeder geht für sich
☐ verschiedene Tempi wie oben (ohne Zusammenstoß – Tempo langsam steigern)
☐ Augen immer waagerecht halten
☐ beim langsamen Gehen an andere Passanten „anhängen", zwei Sekunden verharren (gemeinsames „Einfrieren") – lösen und wieder neu!
☐ bei Temposteigerung Veränderungen im Gesicht und Körper registrieren.

***10) Tai-chi-Grundübung*** (Schattenboxen)

a) *Grundstellung* – Füße im Abstand von einer Fußlänge leicht nach außen geneigt stellen – Oberkörper zieht, in gleicher Augenhöhe bleibend, nach vorne. Dabei streckt sich das hintere Bein durch, das vordere beugt sich im Knie leicht angewinkelt. Die Augen sollen dabei möglichst auf den selben Punkt waagerecht ausgerichtet sein, der Oberkörper sollte senkrecht bleiben (nicht neigen). Ideal: die Augen während des gesamten Vorgangs auf einer Höhe zu halten. – Beim Rückwärtspendeln des Körpers wiederholt sich der Vorgang: langsames Strekken des vorderen Beines, langsames Beugen des hinteren. Die Arme hängen zunächst locker am Oberkörper.

Ausgezeichnete Konzentrationsübung vor Probe und Auftritt

b) Beim „Vorgehen“ heben sich nun die Arme (Handrücken nach vorne) in ihrer Länge nach oben bis zur Gesichtshöhe und vollziehen auf Augenhöhe einen leichten (weichen) Bogen (wie eine Wasserfontäne in Zeitlupe) und fallen dann ganz leicht mit den Handrücken nach unten wieder hinab. (Hände unten = Oberkörper auf dem hinteren Bein)

c) Beim erneuten Vorgehen heben sich die Arme (wieder Handrücken nach vorne) wieder bis zur Augenhöhe, wobei die Hände dieses Mal leicht nach unten hängen (Hundepfoten). Auf dem Wendepunkt „streifen“ die Hände wie über eine unsichtbare Wand nach unten. Der Körper vollzieht dabei seine Bewegung wie unter a) beschrieben.

d) Handflächen nach vorne. Beim erneuten Vorgehen Unterarme im Ellbogen beugen und (wie einen Holzstoß tragend) bis zur Gesichtshöhe bringen und an sich heranziehen (bis unmittelbar rechts und links neben das Gesicht).

e) Handflächen nach außen / vorne drehen und wieder einen unsichtbaren Gegenstand wegdrücken (nach vorn), bis beide Arme gestreckt sind, dann

f) Hände mit gekreuzten Unterarmen wieder zum eigenen Körper / Gesicht zurückführen (Handflächen sind zum Gesicht geöffnet) bis das Gesicht sich zwischen den beiden überkreuzten Händen befindet.

g) Die Hände vollziehen dabei einen leichten Bogen vor dem eigenen Körper (wie Arme verschränken), gehen in der Waagerechten wieder nach vorne (Handrücken oben) und sinken langsam wieder ab.

h) Wiederholung der ganzen Übung etwa 10mal. Vergleiche zu dieser Übung auch die Fotos!

Ausgezeichnete Konzentrationsübung vor Probe und Auftritt

### *11) Kundalini-Übung*

Die Kundalini bezeichnet man in Indien als die Körpermitte, das Sonnengeflecht; beim Menschen am Ende der Wirbelsäule liegend, ist die Kundalini und die von ihr unmittelbar ausgehenden Impulse unmittelbar mit dem zusammenhängend, was man in der Schauspielersprache mit „Bühnenpräsenz" bezeichnet. Sie ist Ausgangspunkt körperlicher Aktion („aus dem Bauch spielen") und Reaktion; mit ihr verbindet sich der Begriff der „Stütze" und der inneren Sammlung und Konzentration.

Die Übung kann durch Untermalen von Trommel- / Percussionsmusik verstärkt werden

*Phase 1)* Beine etwas leicht nach außen, Füße in Schulterbreite. Alles ist locker. Die Arme hängen am Oberkörper, Unterkiefer locker. Augen schließen. Füße bleiben auf dem Boden, Knie beginnen leicht zu wippen, so daß der Oberkörper leicht nach unten „fällt" – stärker werdendes Wippen beibehalten: Wirbelsäule bewegt sich schlangenförmig vor und zu-rück, Arme lockern durch hängende Wippbewegung, genauso Kopf und Unterkiefer. Keine Muskeln anspannen, immer nur lockern, wippen und

immer auch wieder „schütteln" – Wippbewegung verstärken, Arme kräftig ausschütteln, kräftig ausatmen...

*Phase 2)* immer noch mit geschlossenen Augen!

Beginnen zu tanzen – aber ganz locker und frei im Raum (vor Beginn der Übung auf genügend Abstand zu Mitspielern achten!) – es sollte uns dabei aber doch warm werden (eine unterlegte, rhythmisch betonte Musik erleichtert uns die Übung)

*Phase 3)* immer noch mit geschlossenen Augen!

Langsames Ausklingen-Lassen des Tanzes und Übergang in den Yoga-Grundsitz (überkreuzte Beine, Hände geöffnet auf den Knien), achten auf ganz geraden Oberkörper (wie wenn eine Schnur am Kopf nach oben zieht). Atem fließen lassen; an nichts denken. (Musik sphärisch – langsam: Ruhe)

*Phase 4)* immer noch mit geschlossenen Augen! Rückenlage – Hände geöffnet auf dem Boden neben sich am Körper, Füße nicht überkreuzen. Absolute Ruhe. Atem fließen hören. Bewußtes Einatmen, dem Atemfluß folgen. Bewußtes Ausatmen.
(Musik wie in Phase 3 – betont langsam halten – „sphärisch": Ruhe – völlige Entspannung)

Insgesamt veranschlagen wir pro Übungs-Phase etwa 5 Minuten. Wir stehen jetzt gemeinsam ganz langsam auf (Augen sind immer noch geschlossen!), streifen unseren Körper mit den Händen wie unter einer Dusche ab, stehen nun ganz ruhig und öffnen auf einen gemeinsamen Impuls die Augen. Wir sehen uns jetzt alle ganz bewußt nach und nach an.

***12)*** Viele weitere Übungen finden sich im Bereich ***Körpertheater.***

Die Kundalini-Übung öffnet wie kaum eine zweite unseren Körper und mit sehr großer Intensität die Bereitschaft zum Spiel und zum gegenseitigen Vertrauen.
Wichtig sind das völlige Lockern in *Phase 1* und das Freitanzen in *Phase 2* ...

## Kennenlernen und „Vertrauen"

Die Gruppe, die vielleicht sehr lange zusammen Theater spielen möchte, aus der ein Ensemble werden wird, trifft sich zum ersten Male. Wir sollten also darauf achten, daß unsere Mitspieler Spaß entwickeln am Spielen, daß sie sich wohlfühlen und daß sie Lust bekommen, aus sich herauszugehen. Das Spiel soll folglich im Mittelpunkt stehen und über das Spiel ein erstes Gefühl von gemeinsamer Theaterarbeit entstehen. Spielen als besondere Form gemeinsamen Aus-sich-Herausgehens ist nur dauerhaft möglich, wo ich mich wohlfühle. Deshalb kommt es darauf an, Vertrauen zu entwickeln zu meinen Mitspielern, eine Atmosphäre zu spüren, in der ich mich fallen lassen kann und wo ich aufgefangen und getragen werde. Nirgendwo ist das Gefühl gegenseitigen Vertrauens so wichtig wie gerade hier. Ich muß mich absolut verlassen können!

Und noch etwas: Das Theaterspielen lebt aus dem „Timing". Das Gefühl für ein richtiges „Timing", auch was die Längen und die mögliche Zeitdauer für unsere Übungen anbelangt, muß entwickelt werden.

### A) Begrüßungsspiele

***1)***

a) Wir gehen durch den Raum und begrüßen uns ganz *förmlich*, nennen uns Namen, Vornamen, Klasse (falls erforderlich), Ort, Straße etc.

b) Wir gehen durch den Raum und versuchen in 10 Sekunden möglichst alle Hände zu schütteln

c) Wir begrüßen uns durch leichtes Drücken des Ohrläppchens

d) Wir begrüßen uns als Eskimos (Nasenspitzen)
e) Wir begrüßen uns ‚südsee-insulanisch', d.h. wir bücken uns, berühren uns mit den Hintern und schütteln uns durch die Beine die Hände.

***2) Mein rechter Platz ist frei***
– ich wünsche mir …

***3) Blinzelspiel***

Die Teilnehmer stehen paarweise in einem Kreis. Jeder bis auf einen hat einen Partner; der hinten stehende Partner versucht zu verhindern, daß der Blinzler seinen Vordermann zu sich herüberlockt (Festhalten!)

***4) Moleküle bauen*** (aus einzelnen Atomen)
a) alle zusammenfinden lassen, die eine gleiche Sockenfarbe haben
b) gleiche Schuhfarbe
c) gleiche Augenfarbe
d) Buchstabe „a“ in der ersten Silbe des Vornamens, Buchstabe „e“ in erster Silbe des Vornamens usw.
e) Dabei alle (d.h. die jeweilige Teilgruppe) auf insgesamt nur 2 Füßen stehen lassen.

***5) Spiel mit Ball***

Teilnehmer stehen im Kreis – fast Schulterberührung. Jemand hat einen Ball (Fußball o.ä.).
a) Blick zu einem Teilnehmer des Kreises – Sagen des *eigenen* Namens – Wurf
b) Rhythmus beschleunigen
c) alle machen einen Schritt zurück (gleiche Reihenfolge: Blick – Nennen des eigenen Namens – Wurf)
d) alle wieder einen Schritt vor
Blick – *fremder* Name – Wurf
e) Rhythmus beschleunigen
f) Kreis wieder größer werden lassen

g) *Emotionen* damit verbinden, aber nur in Blick / Mimik und Stimme, nicht im Wurf!
h) auch hier Rhythmus steigern

***6) Verfremdungsübung*** (Begrüßung mit verfremdetem Gegenstand)

Alle Teilnehmer stehen oder sitzen im Kreis. Ein x-beliebiger Gegenstand erhält eine neue Bedeutung.

*Beispiel*

Der Leiter beginnt: Ich heiße XY und dies ist eine Zahnbürste (reicht den Gegenstand, z.B. Apfel, an den Nachbarn weiter)
Nachbar: Was ist das? – Leiter: Das ist eine Zahnbürste.
Nachbar: Das ist XY, ich heiße AB und das ist eine Zahnbürste. (reicht dabei die Zahnbürste / o.ä. an seinen Nachbarn weiter...)

*Variation*

Durch Herumreichen mehrerer Gegenstände links- und rechtsherum kann die Wirkung und Konzentrationsfähigkeit noch gesteigert werden, ebenso, wenn jede/r Spieler/in dem Gegenstand einen neuen Namen gibt.

## B) Vertrauensübungen

### *1) sehend / blind*

Paare bilden. Ein Partner ist „sehend“ und führt den „blinden“ (Augen schließen) durch den Raum: langsam beginnen, etwas schneller werden: rückwärts, vorwärts, unten, auf Zehenspitzen usw. Der Sehende muß verhindern, daß ein Zusammenstoß mit einem anderen Paar erfolgt.

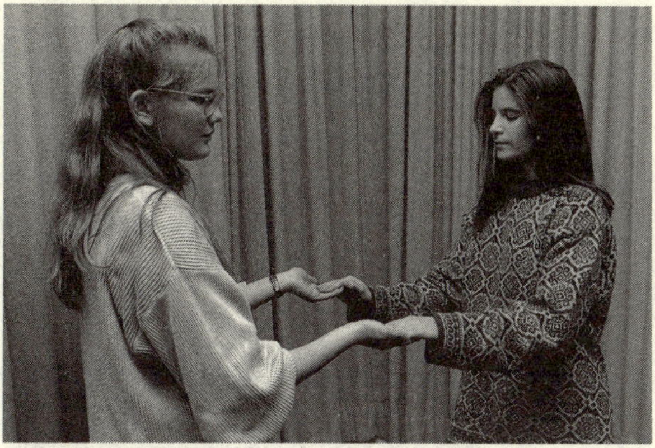

Variationen

a) mit aufeinander liegenden Handflächen. Der Blinde legt die Hände von oben auf die des Sehenden.
b) nur mit den Fingerspitzen (Mittelfinger) führen.
c) mit dem „Wärmeluftkissen" zwischen den beiden Händen (ohne Berührung) nur mit dem Gefühl der Wärme (extreme Ruhe und Konzentration).

***2) Laufen in eine Gruppe***

Ein Blinder läuft so schnell er kann in eine Gruppe sehender Mitspieler am anderen Ende des Raumes. Die Gruppe verhindert, daß sich der Blinde verletzt und fängt ihn weich auf. (Wechsel aller Teilnehmer)

***3) Menschenknäuel***

Alle haben die Augen geschlossen und halten sich an den Händen. Der Leiter „verknotet" alle (wie einen Bandwurm) zu einem Knoten, indem er die Gruppe anführt und dabei unter den Armen durch und über sie hinwegsteigt. Wenn der „Knoten" fertig ist, Augen öffnen und sehend langsam entflechten.

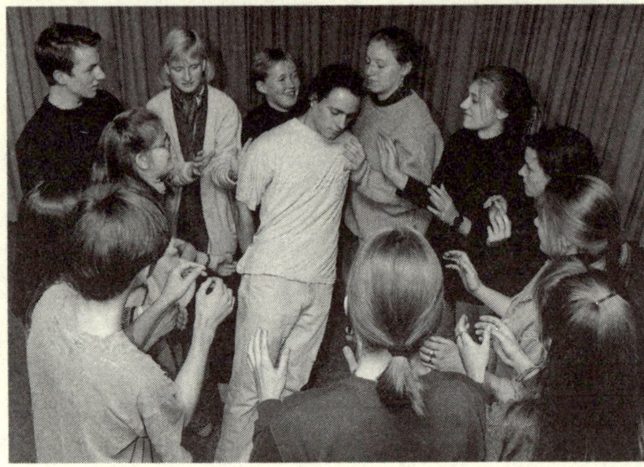

**4) *Fall-Übungen*** (Fallenlassen und Vertrauen)

a) einen kleinen, *engen* Kreis bilden (10 Personen mit Schulterberührung) – eine Person in die Mitte nehmen, die ihren Körper ganz steif macht: nun nach hinten / vorne / zur Seite fallen lassen. Die Gruppe fängt auf und schubbst weiter. (Nur Fliegen ist schöner!)
*Tip für die Fänger:* Das Stützbein etwas nach hinten wegstemmen, um den Fallenden auch stets sicher auffangen zu können!

b) *Auffangen von einem Tisch / Stuhl – hoher Rampe* Sprung in eine Fängergruppe, die mit abgewinkelten, eng verzahnten Unterarmen (Reißverschluß!) den Fallenden fängt. (auch mögliches Aufnahmeritual neuer Gruppenmitglieder)

*Variationen*

☐ Rückwärts mit ganz steifem Körper – wie ein Brett – bitte mit großer Vorsicht!

☐ Jeden Spieler/jede Spielerin „wie ein Brett" auf den Schultern durch den Raum tragen.

d) *Der griechische Fußgänger*
Einer schreitet zur Sonne.
*1. Stufe:* 5–6 Hände halten seinen Fuß kurz über dem Boden (Halten seines Körpergewichts)
*2. Stufe:* weitere 5–6 Hände halten nun etwas höher; in Schrittfolge anschließen
*3. Stufe*: wieder die ersten 5–6 Hände wieder etwas höher und sofort …

*Wichtig!*

Der Fußgänger gibt die Höhe der Schritte an!
Die Augen sind immer leicht nach oben in Steighöhe gerichtet: zielwärts!
Der Leiter oder ein Teilnehmer muß den Fußgänger an der Hand führen.

*Variation* als Brücke! Jemanden über eine Brücke führen.

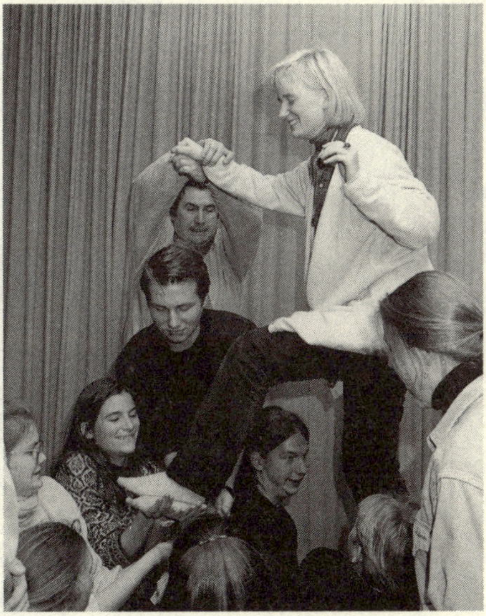

### *5) Körperkontakt und Wahrnehmung*

a) Alle gehen durch den Raum (sehend) – konzentriert
Wunsch: ansehen – entdecken – berühren – anfassen – befühlen (Arme / Hände / Ohren / Nase / Haare usw.)
b) mit geschlossenen Augen
Wunsch: (wie Magnet) jemanden zu berühren – sobald die Berührung erfolgt, erfolgt ein Kurzschluß: blitzartiges Lösen vom Partner und erneutes Suchen …
c) Kurzschluß tritt nun nicht mehr auf! (geschlossene Augen!)
Wunsch: jemanden zu treffen und durch Befühlen herauszubekommen, um wen es sich handelt (kann auch verbunden werden mit dem Sagen des Namens).

Der Spielleiter / die Spielleiterin führt dabei „Ausbrecher" immer wieder in die Gruppe zurück.
d) Teilnehmer stehen mit geschlossenen Augen möglichst weit vom Kreiszentrum weg. Leiter steht in der Kreismitte / oder sonst wo und erzeugt einen Summton. Die Teilnehmer nehmen den Summton auf und lassen sich von ihm zur Kreismitte führen. (Summton wird dabei immer lauter!) Erst wenn der Körperkontakt spürbar wird, bleiben die Teilnehmer stehen (Summton beibehalten) und lösen sich allmählich wieder durch Zurückgehen zum Ausgangspunkt – Summton verebbt! – Augen öffnen – alle bewußt ansehen / wahrnehmen!
e) Kann in vielfältiger Weise variiert werden: z.B. durch Verknäueln der summenden Spieler durch 10 Rollen Toilettenpapier – und plötzlichen Schrei!
oder: durch großes Tuch / Fallschirm, das / der sich über die Spieler wölbt …

Hinweis

■ Angenommen, Sie brauchen für einen besonders intensiven Ausdruck eine „dichte Menschenszene" mit engstem Körperkontakt. Wir wissen selbst, wie schwierig solche menschlichen Nähen manchmal sind …
Verbinden wir die Aufgabe aber mit der praktischen Anweisung, z.B. die ganze Gruppe packt sich einmal mit 20 Rollen (Umwelt-) Toilettenpapier ein (wie ein Riesenpaket, das wir jemandem schenken), dann hilft uns die Tätigkeit des Einpackens über die evtl. Peinlichkeiten hinweg. Lassen Sie sich aber mit solchen Übungen Zeit! Eine eingespielte Gruppe wird damit keine Probleme mehr haben!!

## Ausdruck

Auch wenn hier von Ausdruck die Rede ist, später von *Mimik* und *Gestik*, wir befinden uns jetzt in dem Bereich, der allgemein im Zentrum schauspielerischer Erfahrung steht: dem Körperlichen. Alle die hier nun folgenden Übungen und Hinweise sind unmittelbar mit dem körperlichen Spiel verbunden, das jungen Menschen ja auf den Leib geschrieben ist und das es nur wieder zu entdecken gilt. Die Übungen dienen dazu, die Körperlichkeit als Kraftquelle des Theaterspielens zu entdecken und zu erfahren, sie auszubauen und aus ihr den Ideenreichtum für die spätere Umsetzung von Stoffen zu beziehen.

Wie bisher fangen wir auch hier wieder mit einfachen Übungen – sozusagen von außen kommend – an, die wir dann wieder steigern bis zu anspruchsvollen – von innen kommenden – körperlichen Äußerungen.

***1) Ausdrucksübungen*** (gehend im Raum)
(Paare bilden – im Kreis gehen)

Jeweils genau darauf achten, was an meinem Körper geschieht:
Gang
Mimik
Wo fühle ich?
(Kopf / Stirn?)
(Brust / Schultern)
(Bauch / Mitte?)

- ☐ Wir gehen auf einer *Prachtstraße*
- ☐ in einer engen *Seitengasse*
- ☐ im *Wald* spazieren; Bodenbeschaffenheit wechselt: zunächst *Sandboden*, dann allmählicher Übergang zu tiefem, trockenem *Laubboden*
- ☐ der *Morast* nimmt zu, immer feuchter
- ☐ der Boden wird *schlammig*, wir verlieren fast die Schuhe
- ☐ Boden wird wieder fester
- ☐ erst *Kiesboden,* dann *Straße*

- ☐ *Kirchenbesichtigung / Museum*
- ☐ Straße: es *regnet* / wir sind zusammen unter einem Regenschirm
- ☐ wir treffen auf eine *Beerdigungsfeier* (wir kondolieren uns gegenseitig)
- ☐ wir *lachen*, wenn wir, nun durcheinander gehend, ein anderes Paar sehen
- ☐ wir *weinen*, wenn wir einem anderen Paar begegnen

***2) stimmlicher Ausdruck*** (Einzelübung – im Kreis gehen)

| | | |
|---|---|---|
| wimmern | schluchzen | jauchzen |
| jammern | weinen | schreien |
| | | brüllen |

Durch Beobachtung des eigenen Körpers und Feststellen der Kraft- und Entstehungsfelder wird der Körper selbst als Quelle der Ausdrucksäußerungen wahrgenommen.

Hier sollte wie bei 1) genau auf Körper – Mimik – Gang geachtet werden.

***3) Figuren bauen*** (Paare)

a1) ein Partner (Bildhauer) formt aus dem anderen (Lehm) eine Figur (bestimmter Typ: Mann / Frau / Kind etc.) in bestimmter Stimmungslage.
(Achten auf: Stellung der Beine / Stand / Gang / Bauchhaltung / Schultern / Mimik mit Fingern formen)

Zur genaueren Typisierung erhält der Geformte (der sich nicht bewegen darf – deshalb halbwegs bequem hinstellen / setzen / legen!) einen *charakteristischen* Satz ins Ohr, der zu ihm passen sollte.

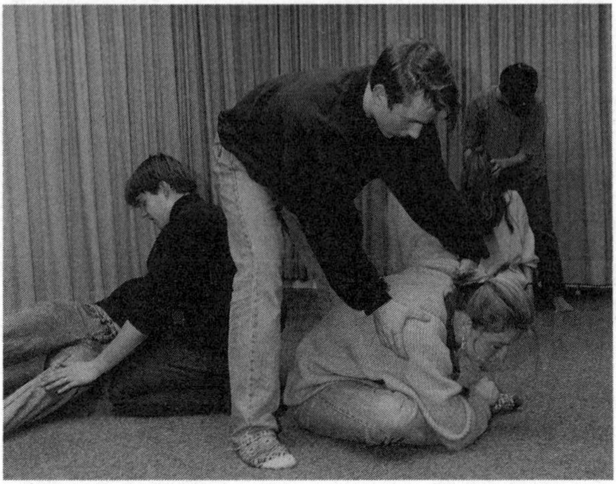

Auf Klatschen gehen nun alle Figuren gleichzeitig los (Liegende in ihrer Stimmung aufstehen!) und sprechen ihre Sätze laut vor sich hin. Auf Klatschen wieder „einfrieren“.

a2) Figuren begegnen sich – stehen – sehen – sprechen – hören – gehen

b) Partnerwechsel

Durch äußere Hilfen – Vorgaben – erhält der Spieler / die Spielerin wertvolle Stützhilfen für die eigene Rollenzeichnung, was uns auch für die Regie hilfreich sein kann. Natürlich auch als Aufwärm-Übung empfehlenswert.

c) Typen *verselbständigen* sich (Stimmung /Körper beibehalten) werden z.B.

☐ Teilnehmer einer Griechenland-Reisegesellschaft (wo sie auch immer nur diesen Satz reden! – oder aus dem Satz heraus weitere Sätze anschließen.)
☐ befinden sich plötzlich in Rio
☐ in einer Mond-Rakete
☐ in der Oper
☐ am Bahnhof
☐ im restlos überfüllten Autobus etc. ...

## Mimik – Gesichtsausdruck

Wie bei den körperlichen Ausdrucksübungen sind in der Anfangsphase auch äußerliche Hilfen / Impulse bei der Schulung des Gesichtsausdrucks sinnvoll und wichtig. (Wir kennen alle den Schauspieler, der sich innerlich fast „zerreißt", aber äußerlich ist ihm nahezu nichts anzumerken.) Als „schneller Hinweis" sollen solche Hilfen hier noch kurz von außen vorgegeben sein – bevor sie sich dann aber sinnvollerweise aus dem körperlichen Spiel selbst entwickeln.

Immer sollte eine wechselseitige Kontrolle stattfinden: Was macht mein Körper, wenn ich fröhlich schaue? Was macht mein Gesicht, wenn mein Körper sich gut fühlt?

***1) Einzelübung***
beim Gehen im Raum und innerer Konzentration.
*Aufträge:* Schaut bitte

| | | |
|---|---|---|
| fröhlich | müde | besoffen |
| traurig | verliebt | arrogant |
| einfältig / naiv | zornig | skeptisch |
| doof | gestreßt | |

Bitte in jedem Fall ganz intensiv auf den Gang achten!! (auch Schultern / Kopf / Bauch)

Hinweis

■ Die Begegnungen beim Durch-den-Raum-Gehen sind spiegelbildlich ganz interessant. Wir nehmen die Mitspieler in der gleichen Stimmung bewußt wahr. Allerdings sollten diese Übungen in schwierigen Fällen immer *konkretisiert* werden! Statt: „Schau bitte nachdenklich!" besser *fragen:* „Was hast du vorgestern zu Mittag gegessen?"

***2) Gruppenübung***

Die gleiche Übung wie 1) kann sehr intensiv auch als Gruppenübung durchgeführt werden:
Die halbe Gruppe begibt sich auf die Bühne / an eine Wand, die andere Hälfte schaut zu. – Die Spieler schauen die Wand an – in einer Reihe nebeneinander!

Einer der Zuschauer ruft ihnen die Aufträge zu: *Schaut bitte fröhlich,* traurig ... wie oben.
Daraufhin macht jeder Spieler auf der Bühne den entsprechenden Gesichtsausdruck und dreht sich dann um, schaut in der Mimik über die Köpfe der Zuschauer hinweg / durch sie durch und „friert ein". Wenn alle Spieler sich umgedreht haben, gibt jemand aus dem Publikum durch Klatschen ein Zeichen, und alle drehen sich wieder zur Wand, um einen neuen Auftrag zu erhalten.

Hinweis

■ Diese Übung ist sehr intensiv. Durch die zahlenmäßige Verstärkung des Ausdrucks gewinnt die Gruppe an Intensität und Dichte. Der Ausdruck selbst wird wie im antiken Chor direkt dem Publikum entgegengebracht und durch das „Einfrieren" gebündelt. – Ein „feed back" kann die spielende

Gruppe nach einiger Übung dadurch erhalten, daß die Zuschauer das jeweilige Gesicht direkt „widerspiegeln". (unwillkürliche Wirkung!)

Auf der anderen Seite läßt uns diese Übung auch Schwächen von Mitspielern erkennen (auch Stärken!), die wir dann gezielter angehen können (körperliche Übungen) → *Regie* → *Gruppenregie*.

***3) Ausdrucksübungen,*** wie unter Ausdrucksübungen angeführt, sind natürlich hier auch zu verwenden ebenso wie

***4) Spiegel – oder „Repeat"-Übungen,*** die später im Bereich *„Interaktion"* und *„Sensibilisierung"* behandelt werden sollen.

## Körper – Gestik – Gang / Bewegung

Wenn wir hier Gestik und Gang mit einbeziehen, so geschieht das deshalb, weil zwischen ihnen und dem Körper eine so nahe Verbindung besteht, daß man sie in einer solchen Schrift nicht getrennt behandeln kann. Gestik und Gang sind die unmittelbaren Äußerungen des Körpers, seine unmittelbare Stimme, seine Reflexe: Ausdruck seiner Aktion und Reaktion.

In einem ersten Teil sollen die Übungen dazu dienen, den Körper bewußt erfahrbar zu machen; ihn agierend und reagierend kennenzulernen, ihm aus der Erfahrung heraus Ausdruck zu geben, ist dann Inhalt des zweiten Teils.

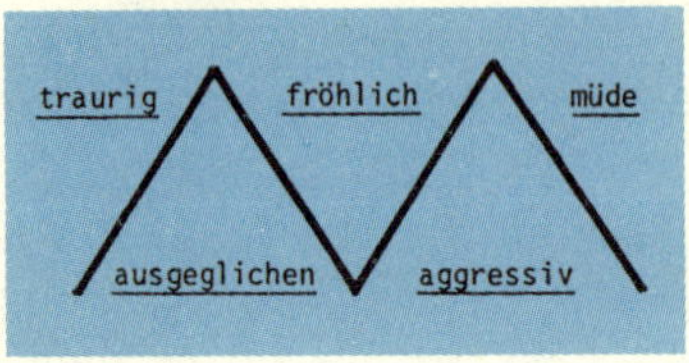


## A) Den Körper erfahrbar machen

***1) Körperzustände ausprobieren*** (Boden „abkleben“ mit einem einfachen Klebeband)
*Merke:* So wie jeder Körper fühlt, ist er auch des Ausdrucks fähig.

a) Von *innen heraus* den Zustand in dem jeweiligen Feld spüren! Viel Zeit lassen für die Übergänge! Immer vom Boden aus den Zustand auf den Körper wirken lassen! Es ist gleich, in welchem Feld man beginnt – nur sollte man alle mindestens einmal betreten haben. Bitte darauf achten, wie sich mein Körper in dem jeweiligen Feld verändert (Kopf / Nacken / Schultern / Brust / Bauch / Knie / Beine). Es ist nicht wichtig, daß ich „spiele“, sondern aus dem Feld empfinde.

b) Versuchen, sich die Stimmungen über die *Körperhaltung* zu merken / speichern.

c) Anstelle der oben angeführten Stimmungen können natürlich auch völlig andere menschliche Eigenschaften „abrufbar“ gemacht werden, z.B. die *vier Grundtemperamente:* cholerisch / sanguinisch / melancholisch / phlegmatisch, was eine wunderbare Übung darstellt.

Hinweis: Rolleneinstieg

***2) Übergänge herstellen***

Gehen durch den Raum – Erinnern der Körperzustände – allmähliches Übergehen in die verschiedenen Stimmungen (traurig – ausgeglichen – fröhlich – aggressiv – müde) – aus dem Körper heraus empfinden!

### *3) Gangarten nach M. Tschechow*

Zunächst flott durcheinander gehen – leeren Raum zwischen den Teilnehmern ausnutzen – Augen horizontal (mit dem ‚dritten' Auge Raum wahrnehmen) – auf gleiches Tempo achten – nur flüchtige Augenbegegnungen (nicht suchen!) – auch Raumpunkte nur flüchtig wahrnehmen– dabei beginnen mit:
*Gangart (3): ausgeglichen* – leichte Entspannung – flott – wach – konzentriert
*Gangart (4): „Manager"*: Kinn, Schultern nach vorne, entschlossen (Geschäftsabschluß vor Augen!) – Tempo steigert sich – bis zum „Winterschlußverkauf" ..., (Immer auch auf leeren Raum achten! s.o.)
*Gangart (2): „besoffen"* – Impulse des fallenden Körpers immer „mitnehmen" – hochreißen (auch hier auf leeren Raum achten!)
*Gangart (1): „Weichtier"* – kaum noch Körperhaltung möglich – nur noch Schwingungen, die kurz vor dem Boden wieder hochgestemmt werden.
*Gangart (5):* einziger *„Krampf"* – bis in alle Muskeln (auch in Ohrläppchen – Nase...)

Die 5 Gangarten immer wieder auf Klatsch-Impuls „einfrieren" lassen; auch Gelegenheit geben,

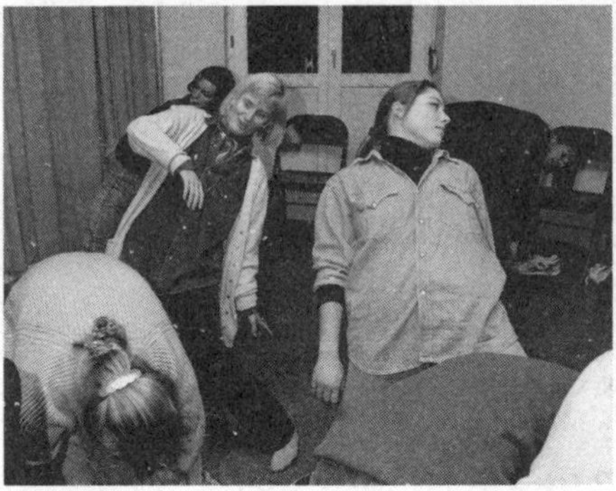

sich und die Gruppe zu beobachten (in der eingefrorenen Position). – Auch fließende Übergänge zwischen den Gangarten ermöglichen und „einfrieren".

Es handelt sich bei dieser Übung nicht nur um eine hervorragende Übung zum Warm-Machen, zum Einstieg; bei genauer Beobachtung und Selbstreflexion kann der / die Geübte sich damit viele Rollenverhalten erarbeiten.

### *4) Typisierung durch Betonung / Isolierung eines Körperteils*

Hinweis: schnelle Typisierung einer Person spielen. Finden eines besonderen Typs

Die ganze Gruppe geht im Kreis herum – Jeder sucht sich einen Körperteil heraus, den er in besonderer Weise „überbetont": Bewegung auf diesen Körperteil hin verstärken, verselbständigen, – so daß der ganze Gang schließlich von diesem Körperteil bestimmt ist (überbetont, fast „defekt" erscheint).

Jetzt übernehmen wir zu diesem „Gang" auch noch einen Ton, der ihm angemessen ist.

a) Jede/r sucht sich eine/n Partnerin / Partner und entwickelt beim Nebeneinandergehen einen gemeinsamen Gang und Ton. (bitte viel Zeit lassen!)

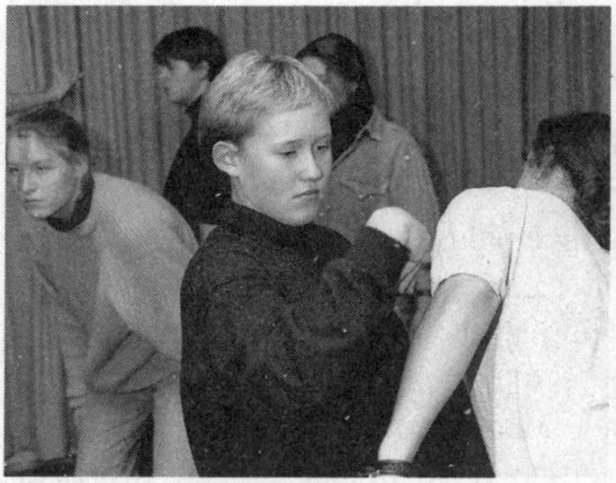

b) Vorstellen des gemeinsamen „neuen Wesens" durch Vorspielen: Gang durch den Raum
c) andere Möglichkeit bestünde darin, durch einen Stuhl auf der Bühne den jeweiligen Typus vorzustellen:
mit dem „Defekt" auf den Stuhl setzen – ein vermeintliches Klopfen an der Türe hören – Gang zur Tür – öffnen – zurück zum Stuhl – wieder hinsetzen.

***5) menschliche Grundtypen ausprobieren***
Commedia dell'arte – Grundübung

a) normales Gehen im Raum
b) Körper dann von jeweils einem bestimmten Körperteil „führen" lassen = Isolieren eines bestimmten Körperteils = Überbetonen, vgl. Nr. 4

Bei besonders „gelungenen Exemplaren" der verschiedenen Typen immer auch wieder unterbrechen und den / die Typen alleine vorstellen …

b1) *Füße* (alle Impulse gehen von den Füßen aus – Vorstellung: Schnüre ziehen an den Füßen!)
Beim Gehen *reflektieren:* Wer geht so? – Was zieht ein solcher Gang nach sich? Was für Menschen sind das? – Wie verhält sich mein Gesicht dabei ? – Wie

verändert sich mein Gang / Schultern / Arme / Hände? (*Füße:* leichte, unstete, fliegende, tänzelnde, flatterhafte, barocke Menschen)
Selbst ausprobieren!

b2) *Bauch* (schwerfällige, bodenständige Menschen)
b3) *Po* (leichtes „Rückwärtsgehen" – ähnlich wie Krebs, trotzdem natürlich Vorwärtskommen – ängstliche, unsichere, alte Menschen)
b4) *Brust* (freie Menschen, auch Angeber, von sich überzeugte Menschen – man beachte, daß hier beide eigenen Hände beim Gehen ständig auf einen selbst zeigen!)
b5) *Kinn* (entschlossen, willensstark)
b6) *Stirn* (geistige Menschen, suchende, konzentrierte, wissende, aber auch einseitige Menschen)
b7) *Becken / Hüfte* (mit unterstützender Handhaltung beider Hände rechts / links vorne an Becken – ausgeglichene Menschen)

■ Menschen auf der Straße einmal daraufhin beobachten und studieren – beim Straßentheater besonders schnelle Form, jemanden zu „doublen"

***6) „Wetterbericht"*** (eine Grotowski-Grundübung) / nach Schmidt-Vinsonhaler

Auch Aufwärmen

Gruppe steht im Kreis

a) Knierhythmus (wippen, Füße auf dem Boden – aus den Knien heraus lockern, Arme / Kopf ganz locker – Unterkiefer!)

b) Musik setzt ein (gleicher Rhythmus – etwas statisch): Percussion / Trommeln

c) Augen schließen: *Landschaft* vorstellen
einen *Gegenstand* in der Landschaft
*Farben – Düfte – Wetter*
der Reihe nach ganz langsam Vorgaben machen

d) Augen öffnen – Knierhythmus beibehalten
nacheinander in den Kreis „springen", Vornamen sagen
Wetter: was alles an Landschaft, Gegenstand usw. bei welchem Wetter sichtbar gewesen ist – Stimmung mitteilen und dabei alles mit dem Körper ausdrükken und Worte verstärken (nicht nur erzählen!)
wieder zurück in den Kreis
und Knierhythmus wieder aufnehmen
Musik bleibt die ganze Zeit über im Hintergrund zu hören

Hinweis

■ Bei dieser Übung entstehen herrliche „Körpertheater-Eindrücke", jede/r „erzählt" spielerisch ihre / seine Erfahrung und gibt sie in ungeheurer Dichte und Intensität an die Gruppe weiter. – Mitunter (z.B. nach längerer Spielpause / Sommerferien) kann diese Übung leicht eine ganze Stunde füllen …

**7) *„Skulptur" bilden***

a) Aus dem Knierhythmus (vergl. 6) in den Kreis springen, in eine Figur: *„Das Schöne"*, *„Freudige"* o.ä. „einfrieren – halten – nicht bewegen"

Achten auf gesamten Körperausdruck! Mimik / Gestik evtl. korrigieren! Die Gruppe bleibt während des „Ausdrucks" im Grundrhythmus.
Alle der Reihe nach.

b) Alle auf einen einzigen Impuls: Klatschen – in den Kreis springen und die *Figur: „Das Böse" / „Schattige"* o.ä. halten – „einfrieren" – nicht mehr bewegen (allenfalls Gestik / Mimik korrigieren). Gefühl – Körperhaltung – Hände – Kopf – Gesicht – Schultern – Beine – etc. überprüfen!

Die Teilnehmer nach und nach einmal das Bild beobachten lassen.

Diese Übung eignet sich auch besonders für Gruppenstimmungen. (Chor im Schauspiel: immer auf gemeinsame Tempi achten!)

■ Ganz intensive Übung, aus dem Körper zu einem Ausdruck / zu einer Stimmung zu kommen, die direkt auf der Bühne umgesetzt werden kann. → *Regie* → *Improvisation* → *Impuls / Spannung*.

***8) Stimmungsübergänge*** (von Skulptur 1 nach 2)

Zunächst jeder für sich durch den Raum gehen und auf eigenen Impuls Stimmung / Skulptur 1 („Schönes") und Stimmung / Skulptur 2 („Häßliches") wiederholen.

Dies gehört nun schon zum Bereich: Aus der Erfahrung Ausdruck geben

a) *Übergänge* herstellen
im 4er Takt (langsamer Übergang in 4 sec.)
oder im 8er Takt (langsamer Übergang in 8 sec.)

b) *Partnerspiel* (Ausreizen: Was geben die beiden Stimmungen her?) immer wieder von Partner „anstecken" lassen: Aktion / Reaktion
auf „häßlich / widerlich" – auf „heiter / schön"
Wechsel ausprobieren

c) anderem Paar vorspielen – sich evtl. sogar ergänzen

***9) fließender Stimmungsübergang***
(beider Figuren)

a) Hineinspringen auf Los!
Halten! Körper beobachten! – Langsam von „böse" entspannen und zurück in den Kreis / Grundhaltung

b) Wieder Hineinspringen auf Los!
Nun beim „Lösen" beobachten: Wie sieht die *Spielart* meiner *„bösen" Figur* aus, wenn sie
eher Angst / Bedrohung? 1) vom Nabel
eher Wut / Zorn? 2) von der Brust / Schlüsselbein
eher Skepsis? 3) vom Kopf / von den Augen
gelenkt wird?

c) Das gleiche nun mit der „guten" Figur „erleben".

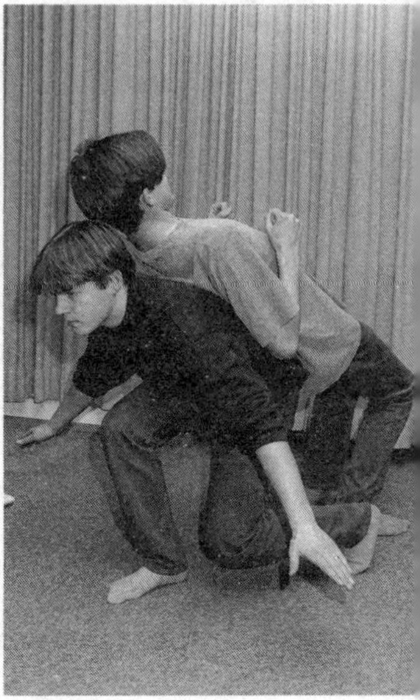

***10) Gewicht geben – Gewicht nehmen***
(Partner-Übung)

a) Beide Partner beginnen Rücken an Rücken
der eine gibt Gewicht = belastet
der andere nimmt = entlastet den Partner, belastet seinen eigenen Körper

Alle Möglichkeiten ausprobieren (kniend, liegend, aufladend, tragend, wendend, mit Kopf drehend usw.)
Auch Rollen des gesamten Körpers
(vorne / hinten / Seite)
Drehen
Fallen lassen

Immer wieder auch Momente der Ruhe!

b) Improvisationen → *Improvisation*
Verbinden mit den Spielarten von „böse" und „gut"
(vgl. Skulptur 1 u.2)

c) Improvisationen mit Vorgaben → *Improvisation*
hängen lassen
kämpfen
„einen Strauß ausfechten"
„den Stier an den Hörnern packen"
„wie auf Wolken gehen"
„die ganze Welt umarmen"
„sich ins Hemd machen"
„die Kastanien aus dem Feuer holen"
„der Gefahr ins Auge sehen"
„nach den Sternen greifen"
„über den eigenen Schatten springen"
„sich einen schönen Tag machen"

dabei den Körperkontakt nicht verlieren!

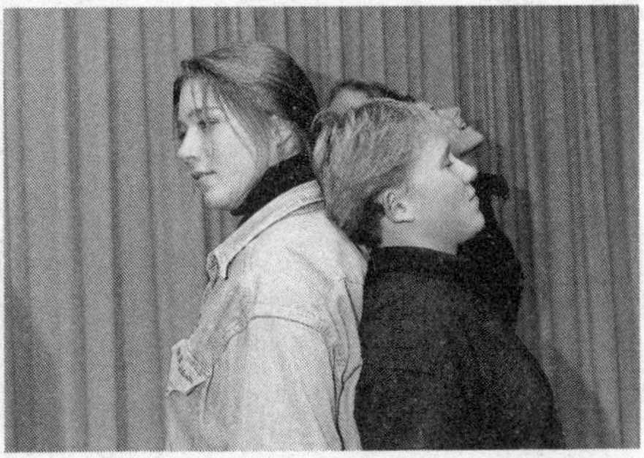

Hinweis

Diese Übung kann durch Impuls-Einfrieren auch beobachtbar gemacht werden: spannende Bilder entstehen! Sie sind ohne weiteres sofort in eine Gruppenszene umformbar!

## B) Dem Körper aus der Erfahrung heraus Ausdruck geben

***1) Mimik und Gang*** (in enger Kombination mit Mimik „Einzelübung")
Die Aufträge der Mimik-Übung (fröhlich – traurig – einfältig etc.) werden stärker in den Körper übernommen

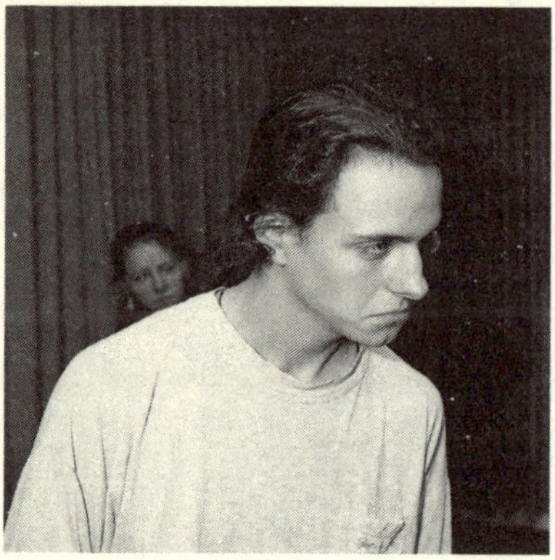

a) Gehen durch den Raum – konzentriert (ohne bewußten Kontakt zu den Mitspielern)

*Gang- und Körperhaltungsarten:* (ausprobieren)

| | | |
|---|---|---|
| fröhlich | ängstlich | besoffen |
| geschäftig | zornig | traurig |
| entschlossen | müde | verliebt |
| faul | blöde | |

Hierbei auch an die Zugänge aus den *„Stimmungsfeldern"*, den *„Gangarten"* nach Tschechow und den *„menschlichen Grundtypen"* denken!

b) Jeder Teilnehmer sucht sich *3 dieser Stimmungen* heraus (evtl. Vorschaltübung 7–9) des vorhergenden Kapitels)
b 1) Üben von *„fließenden Übergängen"* (evtl. in 8 oder 4 Takten) (von einem „Zustand" in den anderen), – dabei immer überlegen: Wie verändert sich dabei mein Körper?

*Wichtig!*

b 2) *abrupte Übergänge* (auf Impuls / Klatschen des Spielleiters)
b 3) *Übergänge im Dreischritt:* drei Schritte machen: Halten / Stimmung – Lösen – drei Schritte machen: Halten / Stimmung – Lösen usw. (Die drei Stimmungen sollten so gut vorhanden sein, daß wir mit ihnen spielen können!)

b 4) Die Teilnehmer begegnen sich: Stehen – ansehen – aufeinander reagieren – auch mit anderer Stimmung – Lösen und neuen Partner für nächste Begegnung suchen.

■ Neben der ganz intensiven Umsetzung körperlicher Ausdrucksmöglichkeiten und ihrer Schulung wird die Möglichkeit wahrgenommen, ausschließlich mit Mimik, Gang, Körperhaltung und Ausdruck zu agieren, Wirkung zu erzeugen und einen meiner jeweiligen Stimmung entsprechenden „wahren", „authentischen" Audruck. Darüberhinaus wird durch das Training der „fließenden" und „abrupten" Übergänge eine „Wiederholbarkeit", ein „Abrufen" (in gewisser Weise eine „Technik") geschaffen, das der Spieler als „Handwerkszeug" begreifen lernt.

***2) Stimmung – Ausdruck – Gang – Szene***

Die gelernten mimischen und gestischen Audrucksmittel des Körpers übertragen wir nun in eine konkrete Bühnensituation (in einen noch nicht gesprochenen, aber als Bühnenanweisung immerhin schon vorhandenen Text): Jeder Teilnehmer erzählt seine eigene „spannende" Geschichte.

a) Sitzen auf einem Stuhl (die anderen sehen zu!) in einer der drei (vorne geübten) Grundstimmungen (etwa 7 sec. ohne Bewegung!)
b) vermeintliches Klopfen an der Tür (nach Tür sehen in der ersten Stimmungslage)
c) Gang zur Tür (noch in dieser Stimmungslage)
d) Öffnen der Tür (langsamer, fließender Stimmungswechsel beim Hinaussehen)
e) In veränderter Stimmungslage zum Stuhl zurückkehren, verändert (Stimmung 2 beibehalten!) auf den Stuhl setzen und 5–7 sec. verweilen.

Hinweis

■ Besonders stimmungsvoll wirkt die Übung, wenn sich die Tür im Rücken des jeweiligen Spielers befindet, weil hierdurch (durch das Spiel mit dem Rücken!) gut erkennbar wird, wie Stimmung / Ausdruck sich wirkungsvoll verändert.
Wenn der Spieler mit dem Rücken zum Publikum die Tür öffnet, dann verändert sich selbst der Rücken zur neuen Stimmung!

Noch ein Hinweis

■ Man kann bei dieser Übung im anschließenden Gespräch mit der Gruppe noch einige ganz wichtige Theatergesetze analysierend deutlich machen!:

1) viele Laienspieler neigen zu „übertriebenem" (weil aufgesetztem, von außen kommendem „Spiel") – sie „zappeln" – machen zuviel – weil sie es nicht von innen spüren, die *Situation nicht konkret* für sie vorhanden ist – (Bei diesen Spielern wirkt die „Stuhl-Gang-Tür"-Übung vergleichsweise „langweilig" – aufgesetzt – zappelig – ausdruckslos)

2) Das Gesetz *„Weniger-wäre-mehr-gewesen"* wird von jedem Zuschauer als bühnenwirksames Mittel erkannt! Diejenigen Spieler/-innen, die sich an die Anweisung: Ruhe – Stimmung – Klopfen – Gang – Stimmungswechsel – Gang – Ruhe – hielten, überzeugen weitaus stärker!
Ein Hinweis wie: „ganz ruhig" – „erzähle Deine Geschichte dieses Wechsels" – „spüre, erlebe, sehe, fühle" – (evtl. nochmals die vorhergegangene Grundübung des „fließenden Übergangs" wiederholen) – kann relativ schnell abhelfen.

Im übrigen ist diese Übung auch sehr gut geeignet, den Blick / das Bewußtsein für ein richtiges *„Timing"*: Ruhe – Blick – Ton / Impuls – Gang – Reaktion zu schärfen.

### *3) Gruppenübung*

Einmal zur szenischen Gestaltung einer Gruppenszene interessant, zum anderen aber auch wegen der gemeinsam wahrzunehmenden Stimmungswechsel – z.B. *Stimmungswechsel:*
traurig – fröhlich (aber je nach Szene auch mit anderen Wechseln von Gegensätzen machbar)

*Gruppe A)* geht in extremer Zeitlupe (auf gemeinsames Tempo achten! keiner geht schneller / langsamer als der andere!) in ganz trauriger Grundstimmung zu gegenüberliegendem Punkt des Raumes.

*Gruppe B)* ebenso in Zeitlupe, aber in sehr fröhlicher Grundstimmung zu ihrem gegenüberligenden Punkt.

Beide Gruppen müssen in der Mitte des Raumes durcheinander hindurchgehen und dabei (in extremer Zeitlupe!) ihre Stimmungen austauschen, so daß A) fröhlich ankommt, B) traurig. (Wechsel!)

Diese Übung erweitern wir auf vier Gruppen:

Gruppe A) „fröhlich"

Gruppe C) „aggressiv"   Gruppe D) „mild-sanft"

Gruppe B) „traurig"

Extrem langsam (Zeitlupe) aufeinander zugehen. Augenkontakt nicht verlieren! Im Aufeinander-Zukommen Stimmung / Mimik / Körperhaltung „zerfließen" lassen in die Stimmung, die auf einen zukommt. Im Zentrum der Berührung ist man kurz ausgeglichen, bevor man in der anderen Stimmung die gegenüberliegende Wand erreicht.

*Variationen*

☐ Im Einander-Ansehen aus den Standorten heraus ganz langsam (ohne Gang, aber im selben Tempo (Zeitlupe) die Stimmung austauschen (= Mimik „zerfließen“ lassen und neue annehmen!) = äußerst intensive Übung für die Mimik!

☐ Wir verbinden den Gang von vorhin (Zeitlupen-Austausch) mit einem gesummten Ton:

| | |
|---|---|
| fröhlich = „aa“ | aggressiv = „ii“ |
| traurig = „uu“ | mild = „oo“ |

Ton fortwährend „halten“ – im ruhigen Atemfluß.

***4) Körper-Choreographie***

(nach Schmidt-Vinsonhaler)

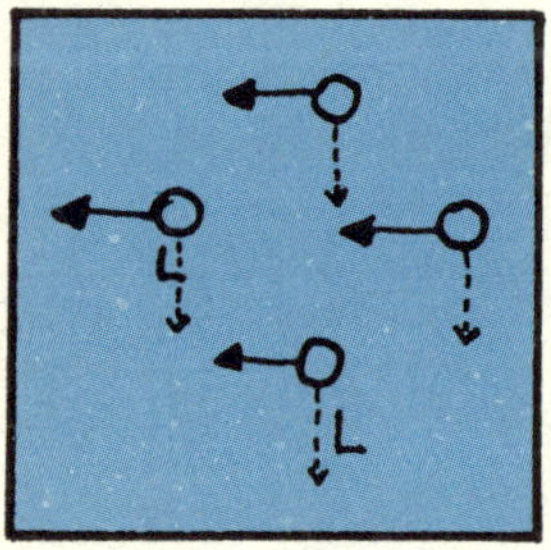


*a) Stern – „Körperjazz“* (mit beliebiger Musik) „Leitstern“ macht Tempo- und Bewegungsvorgaben (zunächst möglichst langsam – die anderen gehen langsam mit – die Partner sollten ruhig auch „gefordert werden!“)

Bei Vierteldrehung wird 'automatisch' ein anderer Sternzacken „Leitstern“.

a 1) ein neuer Leitstern bringt neue Bewegung, neuen Rhythmus ins Spiel

a 2) auch Gehen – große Bewegungen –

a 3) ganzen Raum ausnutzen – auch durch andere Gruppen hindurchgehen

*b) Gruppenchoreographie* (aus dem Stern heraus entwickeln):

„Massenbewegung“ – alles 'nach außen' vergrößern, aber als Gruppe immer zusammenbleiben.

*Gruppe 1:* Schnecke – Raupe
*Gruppe 2:* Maschine – Knoten
*Gruppe 3:* Domino – Echo (sehr schwierig)
*Gruppe 4:* Kaleidoskop

Als ein ganzer Körper: Wechsel der Übergänge, ganze Gruppe empfindet gemeinsam das Gesprür für das „Wesen“ – ständige Bewegung und neues Kreieren.

*c) Vorspielen* aller Elemente mit ihren Veränderungen

*d)* Hier müssen aber als Zwischenschritt Körpertheater-Übungen „Gewicht geben – Gewicht nehmen“ vorgeschaltet sein!
Aus den einzelnen „Wesen“-Figuren (Schnecke / Raupe / Maschine etc.) Entwickeln einer *neuen Gruppenfigur:*
*Gruppe 1:* „Vulkanausbruch“ – Vesuv / Pompeji
*Gruppe 2:* „Das kann's doch nicht gewesen sein!“ (Bilderwerfen – Jeder Teilnehmer wirft sich in die Szene – Ausdruck – Einfrieren – Impulsgeber)
*Gruppe 3:* „Satz ins Ohr“: 'Bitte, verlaß mich nicht.‘

***5) Tips und Kniffe*** („Technik“)

a) *grundsätzlich alles „sehen“* (vor allem das Imaginäre)
Das Gesicht / die Augen als Reflex des Gesehenen!

*Übung:* Wir sehen ...
ein kleines Kind
ein Baby
ein altes Mütterchen
einen blinden Menschen
einen Freund
einen ungeliebten Menschen
einen bewaffneten Menschen
einen, der uns droht

Gesicht und Augen jeweils *langsam* reagieren lassen (nachsehen von links nach rechts)

Wir sehen eine Blume
(Sehen, Bücken, Knien, Hand mit leichter Gegenbewegung im Handgelenk zur Blume führen, Pflücken, Riechen) – usw.

Immer nach außen (zum Zuschauer) sichtbar machen – welche Beziehung zwischen mir und dem Gesehenen besteht!

b) Die für Kinder und Jugendliche sehr schwer zu spielenden *Liebesszenen*
☐ durch Spielen ohne Augenkontakt (Rücken an Rücken) (Idee: Sich mit dem Rücken guttun, sich wärmen, sich necken)
☐ durch „Streicheln" ohne Berührung („Luftkissen"), hohe Intensität (Augenkontakt: Ich mag dich!) → Zeitlupe spielen
☐ durch *„Linien-Übung"*:
– Augenkontakt (Abstand auf gedachter Linie etwa 4 m)
– über Augenkontakt Impulse auslösen: Was willst du? / Magst du mich? / Kann ich dir trauen? / Bist du mir freundlich gesinnt?

– gleichzeitig offen sein und reagieren auf die Impulse des anderen
– dabei sich nähern und sich entfernen (Augenkontakt nicht abreißen lassen (= Ausstieg)
– während der ganzen Übung (etwa 3–5 min.) *ganz langsam* agieren und reagieren
– vielleicht einen gemeinsamen Abschluß finden

Hinweis

■ Diese Übung ist sehr gut geeignet, gegenseitige Scheu, Berührungsangst abzubauen und sich im Eingehen auf den Partner und dessen Gefühle zu öffnen und im gegenseitigen Vertrauen einen gemeinsamen Ausdruck zu finden. Auch die bei Liebesszenen immer wieder zu beobachtenden „Peinlichkeiten" sind mit dieser Übung zu meistern (auch das „Lachen" und „Aussteigen" aus der Rolle).

c) *Ausdrucksmittel der „Aggression"*

c 1) *„Stirnklatscher"* (als Ersatzohrfeige – weniger schmerzhaft und für den „Erleidenden" durchaus ein Mittel, Aggression aufzubauen)
☐ mit der hohlen Handfläche an Stirn des Partners – Klatschgeräusch (Vorsicht! Nasenbein! Erst in *Zeitlupe* üben!)

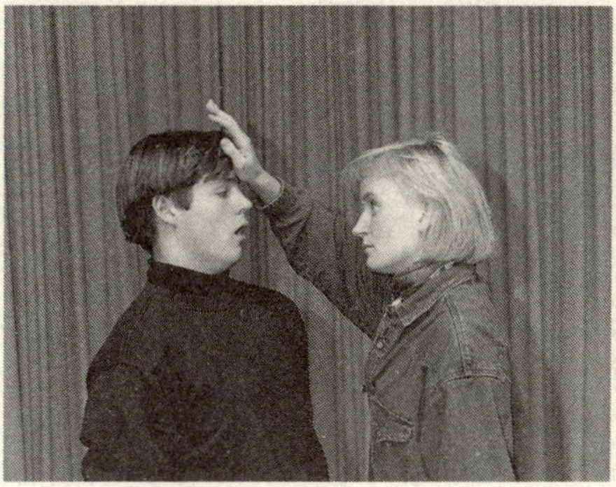

c 2) *„Clown-Commedia dell'arte – Ohrfeige“*

Zeitlupen-Üben

☐ Der „Schläger“ schlägt haarscharf an Backe des Geschlagenen vorbei.

☐ Der „Geschlagene“ klatscht gleichzeitig vor seinem Bauch in die Hände (Geräusch wichtig!) – und mit der richtigen Hand zur „getroffenen“ Backe – wobei er fürchterlich sein Gesicht verzieht und brüllt – und evtl. nun seinerseits den anderen schlägt! (Wichtig ist, daß bei Schlag auf die linke Backe die eigene rechte Hand auf die eigene linke Backe zugeht und streichelt!)

c 3) *„bei sog. 'brutalen' Raufszenen“* bitte darauf achten, daß sämtliche Aggressionen nur mimisch und gestisch vom „Aggressor“ ausgehen, sämtliche Bewegungen aber vom „Opfer“!

Beispiel

Der Aggressor faßt das Opfer am Kopf / an den Haaren. Nun faßt das Opfer mit schmerzverzerrtem Gesicht auf die Hand des Aggressors, schreit, bückt sich, wälzt sich, kommt wieder nach oben – der Zuschauer meint wirklich, alle Bosheit geht vom Aggressor aus! Kann auch mit Faust / Hand an Hemd vor der Brust gemacht werden.

Vgl. auch später „Requisiten“

c 4) *„Kampf mit Stöcken“*

☐ immer in extremer Zeitlupe – aber mit viel Mimik und stummen Schreien!

☐ Stock mit beiden Händen außen fassen und durch gegeneinander Drücken und Stoßen den Gegner aggressiv machen. Vorsicht! Stöcke können brechen!

c 5) *Kampfszene:* Einzelner gegen Gruppe. Kampfmittel: Stab (2 m langer Stock) Gruppe geht möglichst in gleichem (hörbarem) Atem in extremer Zeitlupe auf den Stabträger zu – Steigerung der Mimik

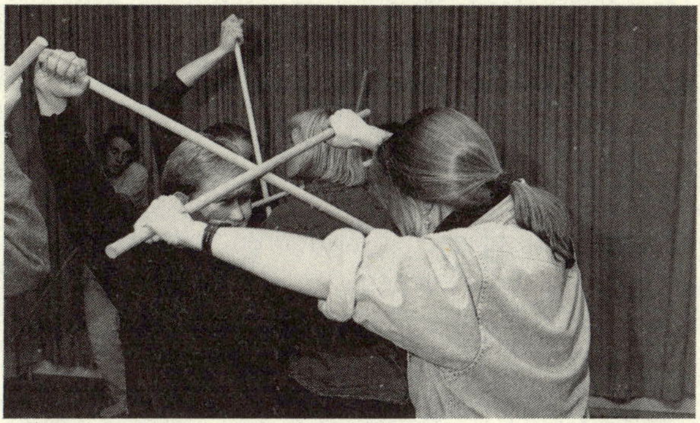

(Zorn). Der Einzelspieler hält (auch in extremer Zeitlupe) den Stock schützend vor sich. Gruppe und Einzelner drücken in extremer Mimik gegen den Stock (Vorsicht! Spielen, nicht Ernst machen!). Der Einzelspieler drückt die Gruppe langsam weg, so daß sie in extremer Zeitlupe, dann fließend zu Boden sinkt.
Durch Zeitlupenbewegung und Koordination zwischen Gruppe und Einzelspieler entsteht höchste Spannung und Verdichtung – auch durch den gemeinsamen Atem der Gruppe hörbar gemacht …

c 6) *Kampfszene:* statt des Wegdrückens in c 5) kann der Einzelspieler auch in extremer Zeitlupe und unter Verdichtung seiner Mimik (Ausdruck) mit dem Stock eine große Rundum-Sensen-Bewegung (wie mit Riesenschwert) machen (Vorsicht! Extremzeitlupe). Die Gruppe fällt dann unter der Sensen-Bewegung des Einzelspielers in Zeitlupe in sich zusammen …

Hinweis

■ Vor diesen Übungen c 5) und c 6) empfiehlt sich in jedem Fall erst einmal die Übung d 2) vorzuschalten: schmerzfreies Fallen!

d) *Fallen*

d 1) *vom Stuhl*
☐ Sitzen auf einem Stuhl (müde)
☐ Gewicht wie im Schlaf zur Seite neigen
☐ über ein Bein „abrollen" – während die andere Hand den Stuhl nach der anderen Seite wegreißt –
☐ fallen und aufwachen
(z.B. brauchbar für Wartesaal-Szene: Schlafen, ein Dieb kommt, wie er gerade „zulangen" will, fällt das Opfer vom Stuhl und wacht auf → auch auf Schule / Unterricht (!) übertragbar!)

d 2) *in Ohnmacht* (bei Gruppenübung auf Abstände achten!)
☐ Stehen: Augen horizontal entspannt
(überlegen, auf welche Seite man fallen kann oder möchte)
☐ Idee: in Zeitlupe über eines der beiden „Außenbeine" in Zeitlupe 'abzurollen'
☐ Fallen über eines der beiden unteren Außenbeine (schmerzt nicht! – muß probiert werden – und macht viel Spaß!!)

Hinweis

■ Vielseitig einsetzbar: z.B. als Gruppenszene im Straßentheater, als Reaktion angesichts einer Gefahr, als wirkungsvolles Ausdrucksmittel der Übertreibung in der Komödie, in der Persiflage usw.

Beispiel

Camus' „Der Belagerungszustand": Die Sekretärin streicht die Bewohner von Cadiz der Reihe nach in ihrem Notizblock aus, worauf die versammelten und in die Enge getriebenen Bewohner nach und nach mit jedem Strich wie gefällt zu Boden stürzen …

### *6) Leichtes Körpertraining*

a) z.B. (auch Aufwärm-Übungen)

☐ Gehen im Kreis (normal / langsam / schneller werdend / schnell) auf gleiches Tempo – Steigerungen – Übergänge achten ...)

☐ Gehen auf Zehenspitzen, auf Hacke, innen, außen (dabei Raum wahrnehmen ...)

☐ im Raum verteilen (jeder muß Armlänge nach links / rechts Platz haben)

b) *Auflockerung*

Beine locker, Knie weich, Augen geschlossen:

- mit der Nase kleine (winzige) Kreise in die Luft zeichnen
- senkrechte und waagerechte Linien
- Kinn auf die Brust kommen lassen
- langsam wieder nach oben
- Kinn auf Brust fallen lassen (Ja – Nicken, Nein – Schütteln)
- Kinn (langsam) nach hinten: dasselbe
- gleiches mit hängendem Oberkörper
- Wirbel für Wirbel aufrichten
- Strecken (Zehenspitzen: mit Fingern zur Decke greifen)

c) *Dehnungs-Übungen*

☐ im Vierertakt hinsetzen, im Vierertakt aufstehen (langsam zählen)

☐ im Vierertakt sich hinlegen, im Vierertakt aufstehen (langsam!)

☐ Seitenlage: im Vierertakt rechtes / linkes Bein seitlich hochnehmen, gleichzeitig auch Oberkörper ohne Armunterstützung

Wechsel zur anderen Seite

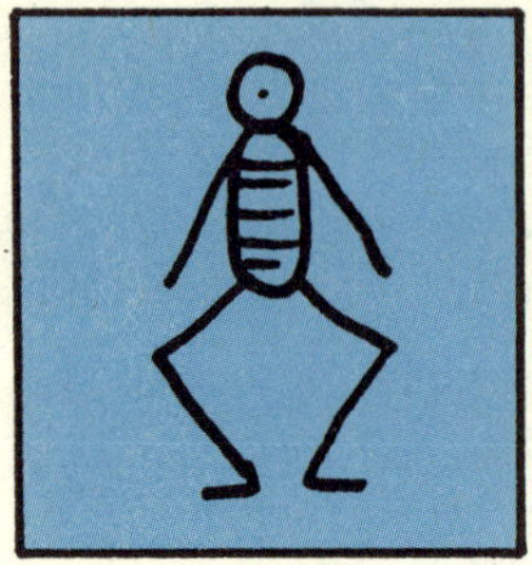

d) *Harlekin-Atemfigur*

Beine etwas weiter seitlich als Oberkörper breit ist –
a) Einatmen – gerade stehen
b) Ausatmen – indem der ganze Torso nach unten geht – senkrecht – Beine knicken ein (Frosch, siehe Skizze)
c) (Fäden vorstellen, die am Gesäß und Bauchnabel ziehen) „Blume pflücken“: Faden zieht am Po nach oben (Beine strecken sich folglich wieder), Oberkörper bückt sich waagerecht nach vorn. Pflückt!

Wichtig: Bewegungen werden immer nur während des Ausatmens vorgenommen – nicht während des Einatmens!

d) Einatmen (Ruhe)
Ausatmen: (Oberkörper leicht zur Seite!) „Blume dem Mond zeigen“
e) (Faden am Bauchnabel zieht auf andere Seite – Körperdrehung) – Ausatmen: „Blume der Sonne zeigen“ (senkrecht hoch!)
f) Blume in andere Hand nehmen (der andere Arm sinkt nach unten)
g) Blume wieder auf den Boden zurücktun.
h) Einatmen und 3x auf der Stelle hopsen (Froschhaltung!)
Ausatmen!

*Variation*

Statt des Ausatmens mit *chinesischen Lauten* verbinden! = H a r l e k i n o !

e) *Rücken-Dehnungsübung*

e 1) bekannte Variation: der Träger macht alles, die Getragene liegt nur still.

*Wichtig*

Gesäß des Trägers muß unterhalb des Gesäßes des Getragenen sein! (Rücken an Rücken stehen, Arme einhaken, der Träger bückt sich, der Getragene liegt auf seinem Rücken)

e 2) vergleiche Fotos: Partner A kniet sich auf den Boden
Partner B legt sich von der Seite auf dessen Rücken (Rücken an Rücken! – Die beiden Rücken sollten nun bei der Übung stets zusammenbleiben!)
Partner A richtet sich langsam auf (auf Knien bleiben!) und legt sich nun auf den Rücken von Partner B → ständiger Wechsel (Herumrollen von einem auf den anderen! = sehr langsam)

### 7) *Entspannung*

Die Entspannungsübungen sind wichtiger und unverzichtbarer Teil unseres Körpertrainings und unserer körperlichen Probenarbeit. Manchmal ist ohne Entspannungsübung kein Übergang zu einem neuen Thema möglich, so sehr sind wir „in der Szene"… Das, was sich durch unser Spiel angesammelt hat, was da „angestaut" wurde und woraus wir unsere produktive Kraft schöpfen konnten, muß „abfließen", die aufgeladenen Energien müssen wieder „abgeleitet" werden, um den Körper wieder in den Zustand der Ruhe zu bringen.

a) *Entspannungsübungen* – alleine

a 1) Ausschütteln:
bei den *Füßen* beginnen
- Zehen dehnen (Druck wie Spitzentanz) in den Boden drücken
- Außenrist ein paar Mal auf den Boden klopfen
- Innenrist ein paar Mal auf den Boden klopfen
- Hacke ein paar Mal auf den Boden klopfen

anderen Fuß anschließen

- beide Beine ausschütteln
- Oberkörper anschließen (hängen lassen, schütteln)
- Arme locker baumeln lassen
- Kopf hinzunehmen (hängt locker nach unten)
- Geräusche – ausprusten
- Schütteln des Kopfes, des offenen Mundes (Geräusche!)

a 2) Augen schließen:
Vorstellung: *Reißverschluß* langsam öffnen
„aus seiner eigenen engen Haut aussteigen"
*„Duschen"* – Körper mit Genuß des Duschgefühls „abstreifen" –

Langsam zur völligen Ruhe kommen lassen und dann Augen bewußt öffnen und wahrnehmen.

a 3) *Freitanzen* (zunächst mit geschlossenen, dann mit geöffneten Augen!)

a 4) Muskelentspannung
(Rückenlage auf dem Boden. Handflächen ruhen auf dem Boden neben dem Körper. Ruhiger Atem. Augen geschlossen.)
Jeweils zweimal werden die Muskeln nacheinander angespannt: Füße durch Strecken der Zehenspitzen (immer wiederholen!)

Unterschenkel durch Anziehen der Zehenspitzen (wiederholen)
Oberschenkel hart anspannen
Po-Backen hart anspannen
Bauch-Muskulatur anspannen (nach innen, nach außen)
Schulterblätter in Boden drücken
Nackenmuskulatur (durch Einziehen des Kopfes und durch Drücken des Kinns auf die Brust)
Unterarmmuskulatur durch Ballen der Fäuste
Oberarmmuskulatur durch Drücken der Fäuste auf den Boden und durch Anspannen der Bizeps
Gesichtsmuskulatur: o-Mund machen, Nase rümpfen, Augen fest zusammendrücken, Stirn in Falten, Backen-Lach-Muskeln
Die Anweisungen zur jeweiligen Muskulatur und zur Wiederholung des Anspann-Vorgangs werden vom Spielleiter gegeben.

Hinweis

■ Diese Übung ist besonders intensiv. Sie vermittelt ein völlig entspanntes Körpergefühl.

b) *Entspannungsübungen* – mit Partner

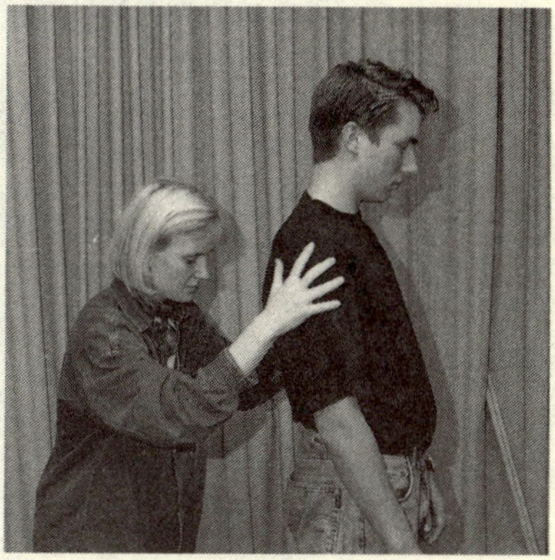

b 1) *„Abstreifen“* des Körpers
Partner A steht mit geschlossenen Augen (völlig entspannt)
Partner B „streift“ ihm die „aufgeladenen Energien“ ab, jeweils vom Körper nach außen gehend.

- ☐ rechter Oberarm von der Schulter bis zu den Fingerspitzen (mehrfach wiederholen)
- ☐ linker Oberarm…
- ☐ rechter Oberschenkel bis zu den Zehenspitzen (mehrfach wiederholen)

☐ linker Oberschenkel…
☐ vom Scheitel über den Hinterkopf über die beiden Schultern abstreifen
☐ Halsansatz über die beiden Schlüsselbeine
Wechsel der Partner-Arbeit

b 2) *Ausschütteln*
Partner A liegt auf dem Rücken, – Augen geschlossen, Partner B nimmt nach und nach (ganz langsam – Zeit lassen)
☐ rechte Hand (ganz lockeres Ausschütteln des Armes – auf Gelenkbewegungen achten!)
☐ linke Hand (ganz lockeres Ausschütteln des Armes – auf Gelenkbewegungen achten!)
☐ rechten Fuß (ganz lockeres Ausschütteln des rechten Beines – auf Gelenkbewegungen achten!)
☐ linken Fuß

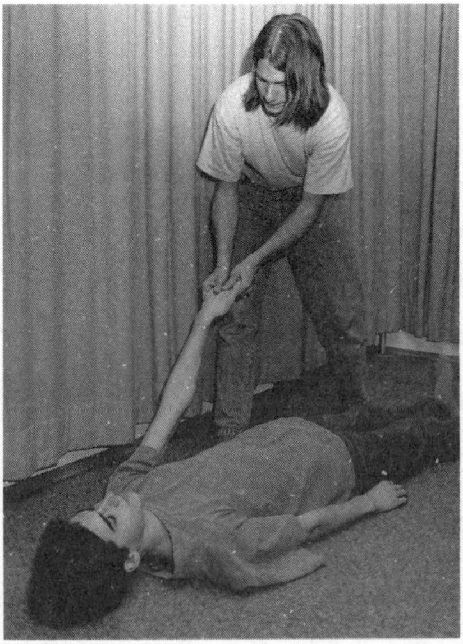
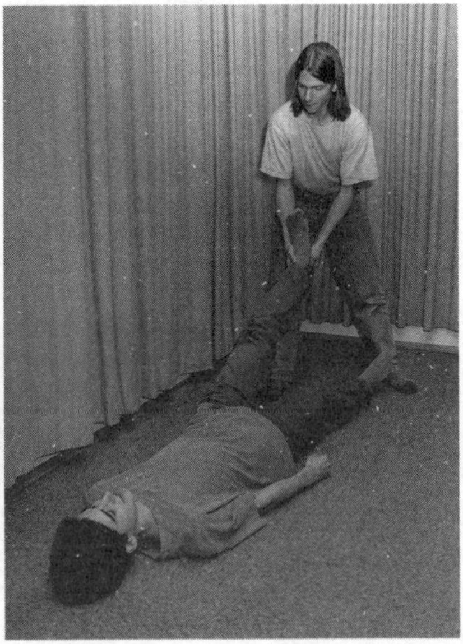

Zum Abschluß:
Knien hinter dem Kopf des Liegenden
– Kopf in Schoß nehmen
– beide Hände bewegen den Kopf sacht hin und her
– auch Atlas berücksichtigen (letzter Wirbel)
Wechsel der beiden Partner

b 3) *Ausklopfen*
Partner A steht locker, läßt den Oberkörper, Arme und Kopf ganz locker hängen – Augen geschlossen
Partner B klopft mit hohlen Händen ganz leicht den Rücken aus. (kann stärker und schwächer variiert werden)
Partner A kann dabei Töne (Vokale) summen – Summton verstärkt die lockernden Schwingungen.
Partner A richtet sich langsam – Wirbel für Wirbel auf – Trommeln mit Fäusten auf oberen Brustkasten durch Partner B
Wechsel der beiden Partner

c) *Entspannungsübungen* (in der Gruppe)
c 1) *Ausklopfen in einer 5er-Gruppe*
je einer aus der Gruppe liegt entspannt in Bauchlage, zwei knien rechts und zwei links ihm zugewandt.
*Phase 1:* die vier „trommeln" mit den Fingern (Regentropfen) auf den gesamten Körper
*Phase 2:* „kneten / pressen / durchwalken"
*Phase 3*: „mit hohlen Händen durchklopfen"
Wechsel, bis alle Partner durch sind.

Diese Übung macht nicht nur Spaß; sie überzeugt auch und läßt sehr gut Energien abgeben und wegnehmen. (Man fühlt sich danach wie neugeboren!)

c 2) *Entspannung durch gleiche Körperschwingung*
□ Gruppe sitzt im Kreis (so daß sich die Knie fast berühren)

Yoga-Grundsitz: Knie angewinkelt – Oberkörper an Schnur aufgerichtet – Hände nach oben geöffnet auf den Knien ruhend – Augen geschlossen

☐ Hände fassen sich:
linke Hand nach unten geöffnet (gibt!)
recht Hand nach oben geöffnet (nimmt!)

☐ Idee, einen gemeinsamen Ton in die Kreismitte zu geben.

☐ Spielleiter stimmt Ton an („O“ oder „A“)
Ton schwillt an, wird gehalten, verklingt (im Leiserwerden soll der Ton auf „m“ ausklingen – summen)

☐ gemeinsames Atemholen und erneuter Ton …

☐ bei gutem Gelingen sind über dem Kreis die „Glockentöne / Turm“ hörbar.

Hinweis

■ Bei dieser Übung, die jahrelang jede Theaterprobe abschließen kann, tritt die Entspannung vor allem durch die gemeinsame Körperschwingung auf, die sich auf jeden im Kreis überträgt und „nachwirkt“.

c 3) Diese Übung kann variiert werden durch „Akkord-Ton“. Der angestimmte Ton wird von den Mitspielerinnen und Mitspielern aufgenommen und mit Tönen des Akkords (Dominant-Septim usw.) ergänzt – wobei jede Spielerin / jeder Spieler ihren / seinen eigenen Atemfluß beibehält und immer wieder nach ruhigem Einatmen in den Ton zurückkommt. Der Ton kann ohne Schwierigkeiten 5, 10 oder 15 Minuten gehalten werden …

## Interaktion und Sensibilisierung

Der ganze Bereich zwischenmenschlicher Beziehungen ist geprägt von einem feinen Netz interagierender körpersprachlicher Äußerungen, mit denen wir Aktion und Reaktion (bewußt oder unbewußt) beeinflussen und die „äußere“ Sprache (die gesprochene) unterstützen oder sie in Frage stellen. Das Bewußtwerden und Bewußtmachen dieser Ausdrucksmittel ist wesentliches Instrument schauspielerischer Grunderfahrung und -arbeit. Auf der Bühne beeinflußt das Wissen darum das eigene Spiel und das des / der Partner(s) – Die Schauspielerin, die von ihrem Partner an einer bestimmten Stelle einen Klaps auf den Po bekommt (was ihr zumindest privat zuwider sein dürfte), wird ein völlig neues Rollengefühl bekommen, wenn sie entsprechend (und aus der Rolle heraus) reagieren darf, z.B. mit dem für den Partner unerwarteten Wort: „Schelm!“ und einer entsprechenden, seinen Klaps erwidernden Handbewegung! –

Natürlich wird der Benutzer unschwer feststellen, daß auch der große Bereich des körperlichen Spiels, d.h. das ganze vorhergegangene Kapitel, der Interaktions- und Sensibilisierungsfähigkeit dient, bzw. ihr Bestandteil ist. Wenn hier besonders darauf eingegangen wird, dient es auch dem Bewußtwerden und Reflektieren der eigenen Beobachtung. *Achtung:* Auch die folgenden Kapitel des I. Teils sollten von nun an unter dem Gesichtspunkt des Interagierens und Sensibilisierens gelesen werden.

1) Vergleiche auch ***Begrüßungsspiele***,
z.B. Seite 21 Nr. 5 (mit Ball)

Übungen

**2) *Gruppenerfahrung***

(z.B. Thema: *Mißtrauen / Beschuldigung / Angst / Abwehr*)

Die Gruppe geht in der Vorstellung: Mißtrauen, Beschuldigung, Angst, Abwehrverhalten durch den Raum. Jeder beobachtet jeden. (Achten auf Körperhaltung, Atmung, Mimik, Gang!) Spielleiter beginnt mit Abwehr auf vermeintliche Beschuldigung und erneuter Beschuldigung:
– deutet mit aufgerissenen Augen auf sich selbst und ruft: *„Ich?"*
– sucht sich sofort einen anderen Mitspieler aus und deutet mit ausgestrecktem Finger (ganzer Körper dahinter!) auf diesen: *„Nein! Du!!"*
(Stehen – Zeigen – Brüllen – langsam lösen – Gehen)

Der erneut Beschuldigte verfährt genauso usw. Wichtig ist immer, Betroffenheit zu zeigen und sie beim Partner auslösen zu wollen!

■ Sollte diese Übung, die mannigfaltig variiert werden kann, einer Probe (die sich inhaltlich mit diesem Thema befassen sollte) vorangehen, lohnt sich z.B. auch ein etwas unbefangener Einstieg, z.B.mit einem Blues-Fangen (vgl. Seite 14 Nr. 8 d)

Hinweis

***3) Variation***

Ohne Stimme: *Angst und Bedrohung!* Einer drückt die Gefahr, die von ihm ausgeht, durch Auflegen der Hand auf die Schulter eines Mitspielers aus ... kurz Einfrieren / lösen ...

***4) „Kommen und Gehen"*** – Partnerübung auf gedachter oder vorhandener Linie –
(z.B. Thema: Zuneigung / Ablehnung)

Zwei Partner befinden sich etwa im Abstand von 4 m auf einer Linie und bewegen sich langsam aufeinander zu oder voneinander weg. Die Kommunikation zwischen ihnen läuft nur nonverbal, d.h. die Augen müssen sich ständig ansehen. Über ihr Gesicht drücken sie beide Sympathie oder Antipathie aus und gehen dabei langsam vor- oder rückwärts. Beide sollten zu einem Abschluß kommen. Wichtig: Viel Zeit nehmen, Blicke lange aufeinander ruhen lassen, Aktion und Reaktion messen, ausprobieren!

■ Für die Zuschauer ist diese Übung durch ihre gespannte Konzentration äußerst dramatisch.
Sie läßt sich an entsprechender Stelle auch äußerst wirkungsintensiv in jedes Stück / jede Szene einbauen.

Hinweis

Statt des wirkungsvollen Themas Zuneigung / Ablehnung kann auch jedes andere Gegensatzthema gewählt und damit ein Szenenzugang gefunden

werden: Trauer / Freude, Leid / Zuspruch, Liebe / Aggression, Wut / Desinteresse ... Wichtig scheint mir, daß beide Partner *offen* in die „Auseinandersetzung" gehen und damit die Spannung möglichst lange halten, bzw. ausprobieren, was an spannungsreichen Momenten entstehen kann ...
*Variation:* aus fließendem Übergang plötzlich in abrupten, schnellen Übergang: „Es reicht mir jetzt" losstürmen!

### *5) Spiegel-Übungen*

a) Gruppenspiegeln (je nach Anzahl der Teilnehmer 5er Gruppen bilden)
☐ Reihe bilden
☐ der / die erste bewegt sich langsam in Zeitlupe (gehend, sitzend, liegend usw.) – Arm- und Beinbewegungen ebenso langsam ausführen
☐ die hinter ihm sich befindenden Mitspieler spielen die Bewegungen (spiegelnd) nach
☐ bei einer Viertel- oder halben Drehung übernimmt ein Mitspieler die Hauptrolle.

*Wichtig:* Konzentration auf den jeweiligen Vordermann!

b) *2er Paare* sich auf dem Boden oder auf Stühlen gegenübersitzend
☐ Beine / Knie dürfen sich nicht berühren
☐ Konzentration auf den Partner
☐ einer führt, der andere „spiegelt"
☐ bitte auf langsame, fließende Bewegungen achten! *Zeitlupe!!!*
☐ *Wichtig:* Augenkontakt nicht abreißen lassen! Mit dem „räumlichen Auge" Bewegungen wahrnehmen und simultan „spiegeln"
☐ Partnerwechsel

Je weniger ein Beobachter erkennen kann, wer spiegelt, desto besser ist die Übung angewandt.

c) Beibehaltung der *2er-Paare* – (Steigerung der Konzentrationsfähigkeit)

□ Spiegel hat jetzt die Aufgabe „auszuflippen", d.h. plötzlich und unvermittelt eine andere (als die gezeigte) Bewegung auszuführen – d.h. auch, den Partner zum Lachen zu bringen!

Wichtige Übung, um „laienhaftes" Lachen / „Aussteigen" abzubauen!

d) *ebenso 2er-Paare* – Spiegelung der Mimik:

Der vor dem Spiegel Sitzende beginnt mit einem eindeutigen Gesichtsausdruck: *Freude / Leid / Wut / Skepsis / Angst* etc. … (vgl. Körpertheater)

□ der Partner spiegelt die ihm gezeigten Eigenschaften simultan (Ganz wichtig sind fließende, extrem langsame Übergänge zwischen den Eigenschaften) *„Zerfließen-lassen"*

□ Der Akteur erhält von seinem Spiegelbild ein vortreffliches „feedback". Hat er mich richtig verstanden? – Da der Partner gleichzeitig (nur um Sekundenbruchteile verzögert) dasselbe Gesicht macht. Geht es beim Partner im Spiegel etwas „daneben", weiß der Akteur, daß sein Gesicht / seine Stimmung nicht eindeutig „ankommt".

Hinweis

■ Eine äußerst wichtige Übung, die eigene Ausdrucksfähigkeit zu verbessern, sie zu trainieren *und* sie einem vielleicht noch weniger erprobten Partner weiterzugeben. Ebenso natürlich wichtiges Training für gemischte Paare, die noch Scheu haben, sich in die Augen zu sehen.

Die Übung ist schwierig! Sie sollte nicht zu früh angewandt werden. Bitte auch Zeit lassen!

e) auch hier kann eine *Variation:* „Aussteigen“ des Spiegels, blitzartiges Aufsetzen eines anderen Gesichtes, zur verstärkten Konzentrationsfähigkeit beitragen und „Aussteigen“ vorbeugen ...

***6) Repeat-Übungen*** (auch Steigerungen der Spiegel-Übungen)
Repeat-Übungen, Wiederholungs-Übungen, dienen dem Bewußtmachen körperlicher oder körpersprachlicher Ausdrücke, die vor allem durch ständiges Wiederholen und das „feed back“ des Partners beim Impulsgeber bewußt wahrgenommen werden. Da sie allesamt sehr schwierig sind, sollten sie erfahrenen und anspruchsvolleren Spielern vorbehalten sein.

*a) 2er-Paare* sitzen sich auf Stühlen oder auf dem Boden gegenüber
☐ nur stilles Sich-Ansehen (Gesicht / Augen – ohne den Augenkontakt zu verlieren!) etw 1–3 min.
☐ feststellen (konzentriertes Sehen) und dem Partner still sagen, was man sieht (*reale Wahrnehmung!*), z.B. dein rechtes Auge zuckt / dein Mundwinkel geht schief nach oben / deine Nasenflügel beben / dein Kopf ist leicht schräg / deine Augen verengen sich / deine Augen tränen usw.

*Ganz wichtig:*
Es handelt sich hier um objektiv feststellbare Gesichts„regungen“ – die dem Partner oft erst durch die Nennung bewußt werden.

☐ Interpretation (nachwievor konzentriert anschauen) – aber jetzt diese Gesichts„regungen" deuten und damit dem Partner sagen, wie dies oder jenes wirkt, was da in seinem Gesicht vor sich geht ... Für den Partner ist dies ein vorzügliches „Feed back" z.B. (vergleiche auch oben die objektiv festgestellten Veränderungen):

du bist nervös
du freust dich / lächelst
du bist zornig / frech / unverschämt
du gerätst in Wut
du bist traurig

In den beiden Abschnitten „reale Wahrnehmung" und „Interpretation" muß der Partner die festgestellten Dinge immer verbal wiederholen, um sie sich so auch bewußt zu machen (nicht widersprechen / verbessern!)
☐ Partnerwechsel

*b) Schwierigere Variation*

Jeder Partner überlegt sich einen literarischen Satz / oder auch einen ganz belanglosen – nicht zur jetzigen Situation passenden Satz. Über diesen Satz sollen alle möglichen Wünsche / Hoffnungen / Ängste / alles eben ausgedrückt werden ...
☐ zunächst Nennen von Namen / Wohnort / Geburtsort etc. (immer auch wieder verwenden, um sich neu zu besinnen, neuen Einstieg zu bekommen (in dieser Variation immer abwechselnd kommunizieren!)
☐ dann alle Mitteilungen (was man sieht und sagen möchte!) unter unterschiedlicher Betonung des vorher überlegten Satzes ausdrücken!

Hinweis

■ Für diese Übung sollte man sich mindestens eine halbe Stunde Zeit nehmen! Da während der Gesamtdauer der Augenkontakt nicht abreißen darf (!) – „Ausstiege“ immer nur mit der „realen“ Nennung von Name / Wohnort etc. „aufgefangen“ werden dürfen / sollen – ist diese Übung mit das Intensivste, was im partnerschaftlichen Spiel (auch im Hinblick auf Vertrauen) möglich ist.

Die Palette der Ausdrucksfähigkeit über ausschließlich einen Satz ist unvorstellbar groß – natürlich muß es nicht bei jedem Paar optimal laufen …

Wichtig: extrem langsame Übergänge sind viel spannender!

***7) Skulptur*** (vgl. S. 40) mit Stimmungsübergängen aufgreifen und hier bewußt einbringen und in allen möglichen Stimmungsübergängen:

a) vom „Heiteren / Fröhlichen“ – zum „Häßlichen / Schwarzen“ fließen lassen.
*Überlegen:* Was kann mein Buch alles über diesen Übergang erzählen? Wieviele Kapitel hat mein Buch? Immer selbst auch wieder beobachten!

b) Partner-Begegnung: Reaktion aufeinander

c) alle anderen Paare auch miteinbeziehen, bis gemeinsamer Übergang möglich ist

***8)*** Nr. 7) anhalten an bestimmten Stellen – *einfrieren*! – einzelne Teilnehmer herausnehmen und die anderen an der Stelle des Eingefrorenseins „auftauen“ und in dieser aufgetauten Stimmung weiterspielen lassen (mit den anderen interagieren!)
*Ziel:* zu einem Abschluß zu kommen

## Der Raum

Schauspielerische Bewegung, der Auftritt, der Gang auf der Bühne, der Raum, der eingenommen wird, stehen immer in einem festen Verhältnis, in einer inneren Beziehung zum Spielraum selbst, der vom Zuschauer gleichzeitig wahrgenommen wird. Die Beziehung zum Spielraum (zur Bühne) gilt für den einzelnen Spieler wie für die Gruppe. –

Die richtige Ausnutzung des Raumes, die Betonung von Vorder- und Hintergrund, von linker Seite und rechter Seite, die richtige Proportionierung ist nicht erst seit Peter Brooks „Der leere Raum“ eine für Theaterspiel wichtige Voraussetzung. Sie beeinflußt Auftritte und Gänge. Der Raum (die Bühne) soll wenigstens in Grundzügen Beachtung finden.

***1) Wahrnehmung des Raumes*** (Übung)
(Entwicklung eines Raum-Zeit-Gefühls – auch eines Raum-Tempos)

*a) Die Gruppe geht im Kreis durch den Raum*
(keine Kontakte zu den Mitspielern) – alle Konzentration gilt dem *Raum:* Wahrnehmung / Punkte / Farben / Ecken usw. – Wahrnehmung der Luft, die durch die Gruppe bewegt wird …

□ das Tempo wird allmählich gesteigert, ohne daß die Abstände zu den Mitspielern verändert werden (immer gleiches Tempo finden)
(das „dritte Auge“ – aus den Augenwinkeln – nimmt Abstände und Tempoveränderungen wahr)

□ ein *Klatsch-Impuls* wird ausgelöst: Gehen / *Stehen* / Ansehen / Abstände überprüfen / Gruppe im Raum sehen.

□ die Abstände zwischen den Klatsch-Impulsen werden kleiner!

*b) Raumpunkte wahrnehmen*

Die Gruppe geht durcheinander durch den Raum (vgl. Gangarten nach Michael Tschechow S. 35): konzentriertes flottes Gehen, ohne die anderen anzusehen – Blickkontakte sind rein zufällig, die *Freiräume* zwischen den Mitspielern ausfüllen! (Steigern durch alle Gangarten!)

Lieblingspunkt aussuchen
☐ bei Klatsch-Impuls: Stehen – einfrieren – auf den Punkt zeigen → auch Konzentrationsübung!
☐ Aktion entwickeln! z.B. durch *Doppelimpuls.*
1) Stehen
2) auf den Boden zeigen
3) auf den Lieblingspunkt
4) Spannung lösen (durch Sinkenlassen des Armes / Zeigefingers (Blick ruht solange weiter auf dem Punkt)
5) Tempo beschleunigen!

Hinweis

■ Haben Sie auch als *Deutsch-Lehrer* einmal den Mut, die Schüler bei einer Lektüre, die sie auszugsweise (Szene / Abschnitte) im Unterricht lesen lassen, einmal ihren „Lieblingsort" im Zimmer „stehend", „sitzend" oder „liegend" aufsuchen zu lassen! (ohne Kontakt zum Mitspieler) – Erklären Sie dann dem jeweiligen Leser seine Textpassage (alle Schüler sollten einbezogen sein!), und beginnen Sie (nun zwischen Bänken, unter Tischen, auf Tischen und Fensterbänken) Ihr „Lesespiel" – Sie werden gemeinsam mit den Schülern überrascht sein, was allein durch die Miteinbeziehung des Raumes an Wirkung entsteht …

***2) Raum aufteilen*** (in Verbindung mit 1b)

Jeder sucht sich seinen Lieblingsplatz im Raum / Zimmer (stehend / sitzend / liegend)

☐ dann in Ruhe verharren: „Bild“ der Gesamtgruppe wirken lassen

☐ dann aus dem „Bild“ Bewegung entstehen lassen (*Achtung:* extreme Zeitlupe!)

☐ dann z.B. gemeinsam *auf einen Ton zugehen* (Augen waagerecht „durchsichtig“ durch den Raum hindurch)

☐ oder z. B. *Diskussionsthema* anschneiden:
„Wir sind eingesperrt“ – „Wir sind im Schwimmbad“ – „Wir sind auf dem Fußballplatz“
– Bewegung entstehen lassen:
– Beobachten, wie reagieren einzelne oder die ganze Gruppe auf die Bewegung eines / mehrerer Spieler
→ *Improvisation*

***3) Raumgefühl durch Partner-Übung***

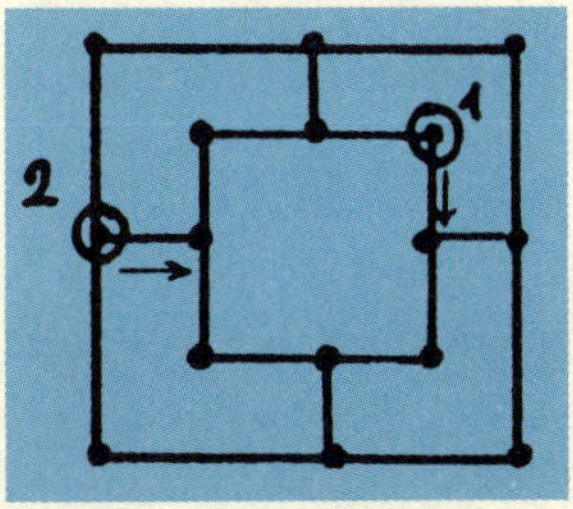


„Mühle“-Spielfeld am Boden andeuten
einen Partner „setzen“
einen zweiten sich zum ersten Partner in Szene setzen lassen –
wie reagiert der erste Partner: vorwärts, rückwärts, Blickkontakt!
man darf immer nur einen „Zug“ gehen / stehen / beobachten
Reaktion des Partners abwarten

*Aufgabe für die Zuschauer:* Wer ist stärker`?
Was drückt sich in dem Verhalten aus?
Kann ich eventuell den „schwächer“ erscheinenden Partner durch „Umstellen“ stärken?

***4) Sich zum Raum in Beziehung setzen***

a) gemeinsames Beobachten des leeren Raumes / einer leeren Bühne
b) eine/r geht in den Raum / auf die Bühne, steht dort still und sagt seinen Namen oder (besser!) einen x-beliebigen Satz (Gehen – Stehen – Sprechen)
c) die weiteren Mitspieler/innen nehmen nun nach und nach immer in Beziehung zu dem / den schon auf der Bühne weilenden Partner/n ihre eigene Position (sitzend / liegend / stehend) ein – immer auch mit eigenem Namen / Satz

d) Es entsteht ein *Gruppenbild* in fester Relation zum Raum (sich hierbei auch aus den Augenwinkeln gegenseitig beobachten, ansonsten nicht bewegen!) – erst, wenn alle Mitspieler/innen auf der Bühne / im Raum sind, beobachten wir alles ganz bewußt und sehen uns das Personen-Raum-Verhältnis an: Einprägen!
e) Wir „frieren" das Gruppenbild wieder „ein" und setzen es durch einen *Klatsch-Impuls* in Bewegung (*extreme Zeitlupe*):

Klatschen – Auftauen – gemeinsames Losgehen – (keiner darf sich schneller bewegen als ein anderer) – durch Mensch und Raum hindurchsehen – nicht bewußt wahrnehmen –
f) auf erneuten *Klatsch-Impuls* kehren wir *zum Ursprungsort zurück* und nehmen die gleiche *Position* (Gruppe und Raum wahrnehmen) in extremer Zeitlupe („Slow motion") wieder ein! Betrachten, korrigieren, evtl. wiederholen.

Die ganze Übung kann auch sehr stimmungsvoll von Musik untermalt werden.

### *5) Variation*

(nach Arno Hermer und Marianne Jensen)

*„Die Schuhe"*
a) Alle Teilnehmer stellen ihre Schuhe an einen x-beliebigen Platz im Raum (aber bitte so, daß beide Schuhe von ihrem Benutzer, ohne sie zu verändern auch angezogen werden können.)
b) gemeinsames Betrachten des Bildes!
c) Spielleiter zeigt auf 3–4 Paare. Die Besitzer steigen entsprechend der Position der Schuhe in diese hinein und stehen still in der Haltung der Schuh-Stellung
d) Entsprechend der „Haltung" der Schuhe nun von der Bühne gehen (in Schuhrichtung) – aber in Kontakt zu den Mitspielern (mit Ton / Satz / Wort verbinden): Reihenfolge: *Blick – Ton – Gang*

### *6) Tableaus herstellen*

Dieses äußerst wirkungsvolle Stilmittel des Theaters – aus Menschen ein lebendes Bild herzustellen – gibt Regie und Mitspielern gleichermaßen Möglichkeiten, sich schnell und treffend im Spielraum zu gruppieren.

a) Die Gruppe steht in einer Reihe (bewegungslos mit hängenden Köpfen)

b) Der / die „Bildhauer“ formen aus mehreren oder allen in der Reihe Stehenden ein Gruppenbild (*Thema: selbst auswählen*),
z.B. „Freude“ – „Liebe“ – „Hilfe“ – „Ohnmacht“ – „Teilnahmslosigkeit“ – „Krieg“ – „Frieden“ usw.

Bei der „Formung“ der einzelnen „Körper“ bitte darauf achten, daß der ganze Körper miteinbezogen ist, auch Mimik durch leichtes Andeuten im Gesicht des Geformten „herstellen“. –
Wenn Gesamtgruppe fertiggebildet ist, können die Bildhauer ihr Bild betrachten und es durch Klatsch-Impulse wieder auflösen.

c) Die Tableaus können nun in einem ganzen „Bilderbogen“ aneinandergereiht werden, so daß eine ganze Geschichte entstehen kann.

d) Wenn die Mitglieder der einzelnen Tableaus sich Standort, Position und Mimik einprägen, kann ein solches Bild innerhalb von einer Minute hergestellt werden.

Hinweis

■ Tableaus sind ein wirksames Stilmittel für das *„Straßentheater"*. In Minutenschnelle können ausdrucksstarke Bilder / Aussagen auf die Straße „gezaubert" werden. Gleichzeitig wird auch dort der Raum, zu dem die Gruppe immer in Beziehung steht, optimal genutzt.

Durch die schnelle Folge von Tableaus (einstudiert und über Impulse / Klatschen zu einem raschen – in 2–3 Sekunden möglichen Wechsel gebracht) lassen sich lebendige Bilder wie eine Art „Dia-Show" oder Film-Abriß-Bilder „reihen" (jeweils von der Beleuchtung unterstützt) während der „Dunkelphase" (2–3 sec.) „Bewegung" des Bildes, während der „Lichtphase" (max. 2 sec. lang) „Einfrieren" des Bildes!

### *7) Raum als Spielraum herstellen*

Viele Gruppen müssen, da ihr Raum normalerweise (gerade in einer Schule) anderweitig genutzt wird, sich jeweils zur Probe erst „ihren Raum" herstellen. Das trifft auch auf unser Spiel mit einer Schulklasse zu, wo vor und nach der Stunde wieder „normaler" Unterricht ablaufen soll.
Oder kennen Sie nicht die Klagen der „normalen" Raumbenutzer, die „ihren" Raum anschließend gerne wieder als solchen erkennen würden???

Wir kommen also nun als Gruppe gemeinsam in den Raum und betrachten ihn ganz intensiv, so daß wir uns an alle Besonderheiten (Tische, Stühle, Blumen, Gegenstände) gemeinsam genau erinnern können. Wir prägen uns also die genauen Standorte ein (evtl. mit Fotos, mit Zeichnungen, aber bei großer Gruppe auch über eine Aufteilung des Raumes so möglich).

Danach beginnen wir unser Raum-Spiel:
a) Wir sind *Studenten einer Architekturprüfung.*
Vor uns (der Raum im „normalen" Zustand) befinden sich alle möglichen Materialien für unsere Prüfung. Das heißt: Bitte bildet mit allen Gegenständen, die der Raum bietet, einen „neuen Raum" – verändert ihn total, d.h. kein Gegenstand darf mehr auf dem bisherigen Platz liegen / stehen. Dies ist nun unser Spielraum für diese Übungsstunde: ...
b) Wir verändern den Raum z.B. in ein *„ägyptisches Gräberfeld"* ...
Aus dem Raum heraus treten nun die Figuren des alten Ägypten ...
c) für kleinere Spieler ist immer auch wieder interessant, z.B. von einem kriminalistischen Fall auszugehen:
Polizeikommissar nimmt erst einmal den Raum so auf, wie er „ist". So soll er dann auch später exakt wieder aussehen (ohne daß es einer merkt!).

### *8) **Raum-Schwerpunkt*** (nach Peter Brook)

Wir markieren den Spielraum genau am Boden. Achten auf Mittelpunkt/-linie!

Wir stellen einen Spieler auf diese Fläche. Nun muß ein anderer Spieler sofort das Gegengewicht in der anderen Hälfte einnehmen, damit die Fläche nicht „kippt"! Bewegt sich der eine, muß sich auch der andere entsprechend bewegen. Ziel ist immer, die Fläche im *Gleichgewicht* zu halten. Jeder der beiden Partner muß sofort reagieren! Äußerste Konzentration *(und immer optimale Raumausnutzung!!!)* – kann variiert werden durch 3 und 4 Mitspieler je nach Größe des Raumes / der Fläche!

Gleichgewichtsübung, Konzentration, optimale Raumausnutzung und -aufteilung

## *9) Tips*

*Wie stelle ich eine Szene?*

☐ vgl. auch Körpertheater / Linien-Übung S. 65 „Kommen und Gehen".

☐ aus dem Spiel, der Spannung zwischen zwei Personen entstehen lassen (vgl. auch Nr. 8-Raum-Schwerpunkt) und öfter mit Klatsch-Impuls einfrieren und beobachten lassen!)

☐ Ausprobieren der Geh-Richtung: *von links, von rechts* (vom Zuschauer aus)

☐ Linien-Übung (s.o.) „umdrehen" – Partner Richtung tauschen lassen (Welcher Partner wirkt stärker? Ist das auch bei vertauschter Richtung so?)

☐ Welche Bühnenseite wird vom Zuschauer als „stärkere" empfunden? („Leserichtung" des Auftritts oder Gegenrichtung? – Leserichtung wird allgemein als „stärker" empfunden – Gegenrichtung (von rechts nach links hat es allgemein schwerer)

*Übung*

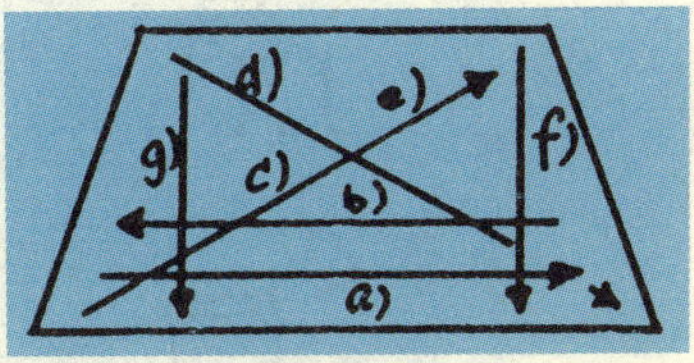


Einen Spieler langsam die Bühne / den Raum durchqueren lassen (kann gesteigert werden durch Sprechen eines einfachen Textes: z.B. „Ein Männlein steht im Walde") – nach nebenstehenden Möglichkeiten.

Ein Spieler tritt ihm jeweils auf dem Pfeil in entgegengesetzter Richtung entgegen. Welcher Spieler wirkt „stärker" – bühnenwirksamer (Beachte auch Aktion und Reaktion!)?

Wie kann ich welchem Spieler *mehr* geben / steigern? Wie kann ich einen Spieler „zurücknehmen"? (Beachte die „Rampensau"!!! Der Spieler, der sich immer in den Vordergrund spielt und die Szene „tötet")

*Tip:* Lassen Sie einmal zwei Spieler/innen sich auf der Linie begegnen:

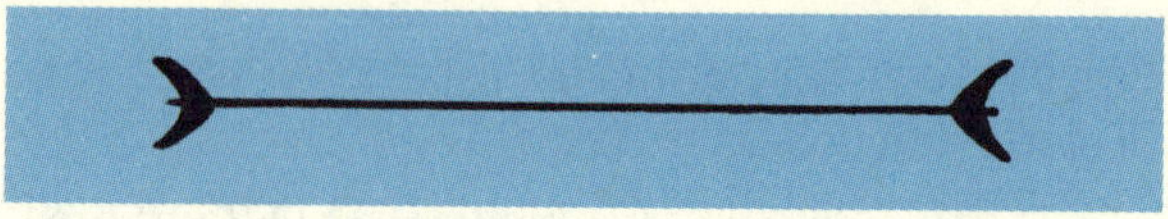

Den / die körperlich Stärkere(n) lassen wir von der stärkeren Seite (d.h. vom Publikum aus gesehen von links), den / die körperlich Schwächere(n) von rechts (in Zeitlupe) aufeinander zubewegen).
Wenn beide unmittelbar voreinander stehen (Stimmung: Skepsis / Zorn), lassen Sie die /den vermeintlich Schwächere/n (plötzlich) die / den vermeintlich Stärkere/n über der Brust am Hemd fassen an sich heranreißen und um die Längsachse beider Spieler/innen drehen, so daß beide nun ihre Plätze getauscht haben, der / die Schwache links steht, der / die Starke rechts. – Was ist Ihr Eindruck von „Stärke" und „Schwäche"? – Was ist passiert? –

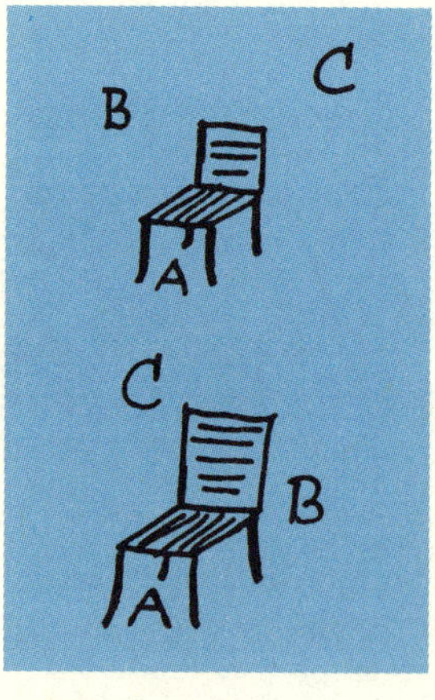

Commedia dell'arte-Übung

*Stellen einer Dreiergruppe*

Neben den Möglichkeiten des Tableaus (bei der z.B. mehrere „Regisseure" verschiedene Dreiergruppen stellen und vorführen können) Möglichkeit einer *Improvisation:*

*Warten beim Zahnarzt:* (siehe Skizze!)
A) sitzt auf dem Stuhl
B) wartet auf den freiwerdenden Stuhl
A) wird hereingerufen, verläßt den Stuhl
C) schnappt sich den Stuhl (zieht ihn zu sich), setzt sich drauf
B) fällt auf den Hintern.
Wechsel von B und C; Überprüfen, was näher liegt!!

Hinweis

■ Die Betonung von Vorder- und Hintergrund hängt immer auch ab von der Anordnung der Sitze im Zuschauerraum. Kann ich vom Publikum aus (da es vielleicht tief sitzt) überhaupt den Hintergrund bis auf die Bodenfläche wahrnehmen? (ausprobieren!) – Die erhöhte Bühne wird in jedem Fall stärker in die Breite als in die Tiefe bespielt werden müssen. – Kann ich dagegen das Publikum „erhöhen“, ist ein stärkeres Ausnutzen der Bühnentiefe möglich.

Ein ganz besonderer *Tip* für das Stellen einer Szene kann das *„Foto“* sein. Die Teilnehmer werden gebeten, zur nächsten Probe Fotos (eigene, Illustrierte, Gemälde-Abbildungen etc.) mit Gruppendarstellungen mitzubringen. Diese werden dann ausgelegt, die Gruppe „stellt“ sich entsprechend des ausgesuchten Fotos und beginnt nach Intention der abgebildeten Fotogruppe ein improvisiertes Spiel (→ vgl. auch *Regie / Gruppenregie*)
Aus diesen Übungen oder auch zur Vorübung geeignet, kann die *Improvisation des einzelnen Spielers* ganz erheblich zur „Raum“-Ausnutzung beitragen!

*Thema:* „Ich schaffe mir selbst meinen Raum“
– der bedrohliche Raum
– der fröhliche Raum
– der unendliche Raum
– der stille Raum
usw …. kann vielfältig variiert und vom Einzelspieler wie von der Gruppe „hergestellt“ werden …

Vgl. auch Seite 144 f

*Noch ein Wort zum Bühnenbild*

Theater ist in erster Linie Phantasie... Ringen Sie sich in jedem Falle zu einem funktionalen Bühnenbild durch, das nicht überladen ist und den Spieler / die Spielerin „erschlägt" oder ihm / ihr keinen Raum zur Entfaltung bietet. Junge Menschen müssen durch das Spiel ihres Körpers überzeugen. Der Körper sollte im Mittelpunkt stehen, aus ihm heraus Ausdruck und Sprache. Bühne und Licht, Kulisse und Ton sollten dieses Spiel unterstützen, es fördern, aber nicht „erschlagen" (wie man es ja oft in Laien-Aufführungen sehen kann).

Wenn sich das „Bild" während der Proben aus dem Spiel, den Aktionen, den Bildern der Menschen entwickelt, ist es besonders spannend; dann führt es zu einer inneren Spannung und gegenseitigen Ergänzung.

Improvisieren Sie mit einfachen Materialien (allerdings in ausreichenden Mengen!):
– z.B. Schnüre / Seile / Taue
– z.B. Stöcke / Stäbe / unterschiedlicher Stärke und Länge
– z.B. Stoffe / Tuche / Lappen / Lumpen
– z.B. Zeitungspapier / Toilettenpapier (einmal zerissen und „bespielt" wirkt es wie Zellwolle, hohes, welkes Laub, Sand ...)
– z.B. Wellpappe als Rollen oder in Platten

Falls Sie einen Bühnenbildner gewinnen können, sprechen Sie rechtzeitig mit ihm die Konzeption durch, lassen Sie gemeinsam Ihre Bilder entstehen und in eine gemeinsame Bühnenkonzeption einfließen ...

## Schwerpunkt – „Zentrum" – Körpermitte

Wir alle kennen das Wort „eine Wut im Bauch haben". Der „Bauch" als Zentrum körperlicher Aktion und Reaktion. Wir wissen um die Überzeugungskraft eines in seinen Rechten verletzten Menschen (auch und gerade schon des Kindes!), wenn er (es) seine Rechte einklagt. Wir kennen die aus tiefstem Herzen kommende Freude, den Aufschrei des Triumphs, aber auch den Ort der Angst, der Beklemmung, der Trauer – der Ort des Lachens und Weinens. Immer ist der „Ort", wo wir diese intensiven Gefühle wahrnehmen können, die Körpermitte, das Zentrum (die *Kundalini*). Er ist in unmittelbarer Nachbarschaft zum Zwerchfell zu Hause, zum Zentrum des Atems, der „Stütze" unserer Stimme. Schwerpunkt – Zentrum – Körpermitte beim heranwachsenden und erwachsenen Amateurspieler zu revitalisieren, muß auch ein Anliegen eines solchen schauspielerischen Grundtrainings sein, geht es doch darum, diesen „Ort der inneren Kraft", der *Konzentration*, der Sammlung und Ruhe, der Aktion und Reaktion (wieder) für die eigene Wirkung bewußt zu machen.

Wo nun befindet sich die Körpermitte, die auch für unsere emotionalen Regungen so führend ist? – Nun, verzeihen Sie die etwas laienhaft anmutende Formulierung: etwa 2 cm unterhalb des Bauchnabels – zwischen den beiden Beckenknochen, wo die Wirbelsäule mit dem Becken verbunden ist, wo wir den Oberkörper nach unten hängen lassen können, unser Bauch eine Drehbewegung um die Längsachse „vollführen" kann, von wo eine Schlangenbewegung der Wirbelsäule ausgehen kann …

Um diesen Punkt bewußt zu machen, bedienen wir uns verschiedener Übungen.

## Feststellung des Körperzentrums

Übungen

### *1) Fallen lassen*

Wir stehen im Kreis (Gesicht nach innen). Jeder Teilnehmer versucht für sich selbst, sein Körperzentrum festzustellen.

Der Körper wird ganz steif gemacht, und wir beginnen, uns nach vorne fallen zu lassen. Kurz bevor der Körper nun ernsthaft zu fallen droht und wir ihn „lösen", um das Gewicht durch einen Schritt des Beines wieder auf / abzufangen, verkrampft sich die Muskulatur in der Körpermitte extrem (der Punkt wird spürbar). Wir versuchen uns durch Wiederholung der Übung den Punkt der Körpermitte zu merken.

Bei denjenigen Mitspielern, bei denen diese Übung nichts bewirkt, sollten wir den „Fall nach hinten" ausprobieren lassen, d.h. den steifen Körper über die Fersen / Hacken nach hinten kippen lassen. Kurz vor dem Fall zieht sich die Muskulatur des Zentrums wieder zusammen, wird der „Punkt" spürbar. Auch hier versuchen wir durch mehrfaches Wiederholen, den Punkt bewußt zu machen.

### *2) Schleichen*

a) Wir gehen im Kreis herum

b) Schleichen mit äußerster Konzentration (Vorstellen, daß es nachts sehr spät ist und niemand aufwachen darf – nichts darf zu hören sein!)

c) Wir machen uns bewußt, was mit unserem Körper geschieht:

☐ Atem anhalten / nur ganz flach atmen
☐ Körperzentrum – Zwerchfell wird spürbar: ein äußerst konzentriertes Zusammenziehen der Bauchmuskulatur (als Zentrum feststellbar)

d) Wir spielen selbst den z.B. überraschend hinzukommenden Familienangehörigen, der z.B. nicht aufgeweckt werden durfte:
☐ auf Klatsch-Impuls stemmen wir unsere Hände in die Hüften (d.h. machen wir den Körper größer) – die Hände dienen hier übrigens „automatisch" zur Verstärkung der „Stütze"! – und brüllen ein: „Ha!!" (erwischt!)
☐ auch hier können wir nun Körpermitte – Zentrum – Schwerpunkt spüren und unmittelbar wirksam machen.

e) Diesen Vorgang: Schleichen – Klatschen – Stehen – „Ha!" wiederholen wir mehrere Male, bis jedem sein Körperschwerpunkt bewußt ist.

f) Gleichzeitig stellt die Übung so eine Verbindung zu Mimik und Gang her.

***3) Probe*** (zur Überprüfung unseres Zentrum-Sitzes)

Wir stehen im Kreis – völlig entspannt
- ☐ Knie leicht angewinkelt (immer Schwerpunkt spüren)
- ☐ Arme und Schultern locker hängen lassen
- ☐ ruhiges Atmen in den Schwerpunkt (Zwerchfell-Atmung) (= auch Entspannung gegen Lampenfieber)
- ☐ Der Spielleiter geht hinten um den Kreis herum und tippt die Oberkörper der Mitspielerinnen /er leicht an (nach innen). Die Körper stehen wie eine Eins (fallen nicht um!)

*Gegenprobe*: Sobald die Spieler/innen den Körper steif machen (wie Soldaten auf dem Kasernenhof – auch Po-Backen zusammenpressen) – fallen alle auf leichtestes Antippen um!

***4) Koordinations- und Aktionspunkt***

a) Ein Stuhl wird in die Kreismitte gestellt. Ein/e Teilnehmer/in wird gebeten, sich auf den Stuhl zu setzen. Nach ein paar Sekunden soll sie /er aufstehen, einen Kreis gehen und sich wieder auf den Stuhl zurücksetzen.

Diesen Vorgang wiederholen wir ein paarmal und beobachten vor allem Gang und Körperhaltung des / der Gehenden / Sitzenden.

b) Der / die Freiwillige nimmt wieder auf dem Stuhl Platz. Der Spielleiter stellt sich hinter den Stuhl und berührt mit seinem Mittelfinger leicht den Atlas (letzter Wirbel des Halses am Übergang zum Hinterkopf).

Der / die Freiwillige soll nun wie vorher seinen Gang wiederholen, der Spielleiter folgt ihm und hält seinen Finger während des gesamten Ganges leicht an diesem *Koordinationspunkt* (die Folgen sind nicht zu übersehen!!). Der Gang des Spielers / der Spielerin wird nun wesentlich konzentrierter, aufrechter. (Manchmal mutet es an wie eine geführte Marionette).

c) Wir lassen das paarweise durchprobieren.

d) Beim Aktionspunkt handelt es sich um unseren Punkt der Körpermitte, des Zentrums.

Beim wiederholten Spiel mit dem Koordinationspunkt drücken wir mit dem Mittelfinger der anderen Hand leicht von hinten gegen den Wirbel im „Kreuz", der mit dem Becken „zusammenhängt". Gleichzeitig spürt der „Geführte" den leichten Druck wie eine Ermunterung loszumarschieren. Von beiden Punkten geführt, wird nun der Gang wesentlich zielorientierter, entschlossener.

Durch leichte Berührung wird etwas von „Bühnenpräsenz" deutlich, von Ausdrucksstärke, die sich deutlich vom „zufälligen" Gang abhebt.

e) Wir üben auch dies paarweise, wobei sich hier leicht eine ganze Kette bilden läßt und jeweils der Hintermann / die Hinterfrau den vorderen / die vordere „führt".

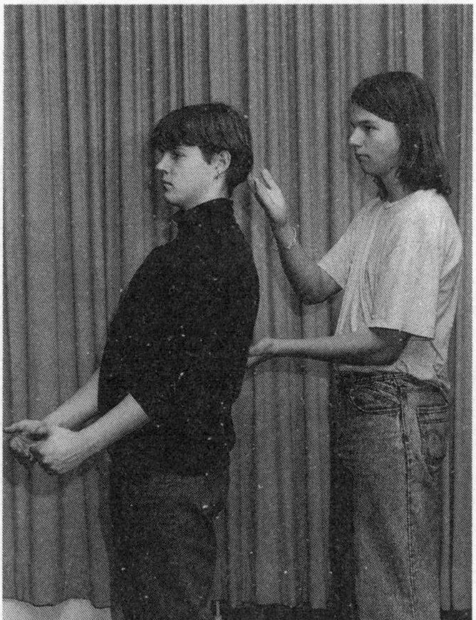

## Konzentration – Spannung – Entspannung

Nachdem wir uns nun das *Zentrum* unserer Kraft und Ausstrahlung bewußt gemacht haben, können wir uns auch die vorangegangenen Übungen mit neuer Intension nochmals vornehmen. Der Unterschied ist verblüffend: eine vertiefende Wiederholung für jeden sinnvoll.

Das Bewußtmachen des Körperzentrums soll hier aber auch in für den Spieler und vor einem Publikum wirkungsvollen, sofort umsetzbaren Übungen zur *Konzentration – Spannung – Entspannung* vertieft werden. Damit werden dem Spieler weitere wirkungsvolle Mittel bewußt, gleichzeitig wird das Gefühl für das *Zentrum* verfeinert und wirkungsstarke Ausdrucksmittel als vom Spieler sofort umsetzbar erkannt.

Machen Sie diese Übungen mit vermeintlich „untalentierten" Spielern – Sie werden verblüfft sein über den hohen Grad an Ausdruckskraft! – Das Gefühl für das „Spiel" wird überhaupt oder völlig neu entdeckt!

***1) Tai-chi-Grundübung*** (vgl. S. 15)

***2) abrupte und fließende Übergänge mit Impuls***

a) Gruppe geht im Raum (durcheinander – ohne Blickkontakt – Gangart 3 (vgl. S. 35) – konzentriert – flott – achten auf gemeinsames Tempo)

b) Jeder sucht sich einen *Punkt im Raum* aus (in Augenhöhe)

Der Gang, das Tempo, die Konzentration reißt dabei nicht ab; immer wenn ich beim Gehen den Punkt wieder sehen kann, anschauen, auf ihn zugehen …

c) auf *Klatsch-Impuls* des Spielleiters angewurzelt stehenbleiben und auf den Punkt zeigen (ausgestreckter Zeigefinger!)
d) mehrfach wiederholen (auf Atmung achten / Mimik-Augen sind geschärft: „Dies ist mein Punkt!" denken!)
e) auf erneutes Klatschen wird die Spannung immer wieder gelöst und sofort durcheinander im bisherigen Tempo weitergegangen.
f) Nun wird vom Spielleiter ein *„gemeinsamer Punkt"* vorgegeben (Er sollte sich an einer Wand etwa 50 cm über Augenhöhe befinden.).
g) mehrfach wiederholter Klatsch-Impuls, Spannung und Entspannung soll das Gefühl für die Lage des Punktes schärfen.
h) Wir verbinden Konzentration, Spannung und Entspannung nun mit der *Stimme*. Auf Klatsch-Impuls zunächst *schnell auf den Boden zeigen* und danach aus der schnellen Bewegung heraus auf den gemeinsamen Punkt (d.h. also: Klatschen – Boden zeigen – Punkt zeigen). Natürlich bleiben die Füße wie vorher wie angewurzelt am Boden stehen (damit auch besondere Übung gegen Zappeln auf der Bühne!). Was sich bewegt, ist ausschließlich der Oberkörper und der Arm / Zeigefinger!

Beide Punkte (Boden und gemeinsamer Punkt) werden nun mit einem *„Ruf"* verstärkt.

Beim Zeigen auf den Boden rufen wir laut (aus der Körpermitte / Stütze mit angespanntem Zwerchfell): *„Ta!"* (kurz und hart!) – beim Zeigen auf den gemeinsamen Punkt laut: *„Ke!"* (kurz und hart!).

Der Ruf wird von der konzentrierten Haltung des Zeigefingers / Armes unterstützt, die Augen / Mimik sind entsprechend konzentriert wach / hart ausdrucksstark.

Nach dem Ruf steht jeder Mitspieler / jede Mitspielerin mit angehaltenem Atem in äußerster Konzentration (Über den Zeigefinger wird das gemeinsame Ziel anvisiert und die Spannung gehalten!).

Hinweis

■ Welche enorme Kraft aus dem Körper fließt, welche enorme Spannung hier gehalten wird, kann jeder einmal selbst ausprobieren, indem er / sie z.B. einmal beim Nachbarn / Nachbarin leicht auf den Arm drückt und die Spannung / Muskelanspannung oder Bauchmuskulatur-Spannung fühlt ... Auch die Mimik ist nun gleichermaßen ausdrucksstark – der Zugang zum glaubhaften Spielen geöffnet ...

i) Der *dem gemeinsamen Punkt am nächsten Stehende* (nachdem der Klatsch-Impuls gehört wurde) läßt nach einigen Sekunden den Finger / Arm langsam sinken (Lösen der Spannung!) – Gruppe vollzieht dies mit „Raum-Auge" nach (gleichzeitig!) – der Augenkontakt zum Punkt bleibt aber bestehen (intensiviert sich sogar möglicherweise) während die Hand ganz langsam sinkt!!

Hinweis

■ Während also die Gestik (Arm / Finger) sich löst und entspannt, fangen die Augen durch eine Art Gegenbewegung / Halten der konzentrierten Mimik diese Bewegung auf (Spannung!). Während des gesamten Vorganges bleibt instinktiv die Atmung stehen oder sie wird nur ganz flach ausgeführt. Das *Zentrum* des Körpers wird für alle Mitspieler/innen deutlich fühlbar. (Machen Sie die Spieler/innen darauf aufmerksam, daß sie unbedingt atmen müssen!)

j) Welche konzentrierte Kraft hier spürbar wird, lassen wir nun nacheinander alle Mitspieler/innen erfahren, indem wir sie (einzeln oder zu zweit) auf einen Stuhl stehen lassen, und zwar *unmittelbar vor unseren gemeinsamen Punkt*. D.h. die Augen des / der Mitspieler sind nun unser gemeinsamer Punkt, und wir wiederholen diese Konzentrationsübung mit allen Teilnehmer/innen. Der Impuls (Klatschen) wird dabei von den auf dem Stuhl stehenden Mitspieler/innen ausgelöst.

Hinweis

■ Sie werden sofort erfahren, wie intensiv die Konzentrationsübung aufgenommen wird! Machen Sie auch den Versuch, eine unbeteiligte Person auf den Stuhl zu stellen (von außen holen) – die Wirkung ist noch stärker (Publikum!)!

Noch ein Hinweis

■ Diese Übung eignet sich auch in besonderer Weise zur *Gruppenregie*. Alle Teilnehmer/innen vollführen (ausgehend von dem dem Punkt am nächsten Stehenden) eine gemeinsame Bewegung, Konzentration, Mimik, Spannung und Lösung. Vom Publikum wird dies als *gleichzeitig* wahrgenommen. Die gemeinsame Bewegung usw. verstärkt die Wirkung um ein Vielfaches, sie ist überhaupt erst Geheimnis chorischen Spieles.

### *3) „Slow-motion-Bewegungen" und „Freezings"*

Wir nutzen diese Erkenntnis und intensivieren sie, indem wir z.B. zu einer getragenen (sphärischen?) Musik sich verlangsamende oder beschleunigende Bewegungsabläufe spielen lassen:
a) extrem langsames Gehen auf einen gemeinsamen Punkt zu (gleiche Abstände der Gruppenmitglieder, *Achten auf gemeinsames Tempo* – der dem Punkt am nächsten Stehende beginnt zu gehen – äußerste Blick- und Körperkonzentration auf den gemeinsamen Punkt zu – *Atmen nicht vergessen!!*)
b) Die Bewegung kann als Bewegungsablauf (z.B. aus Gangart 4 (Streß) bis zum totalen Stillstand von der Gruppe ausgeführt werden. Geben Sie eine Zeit von etwa 3–4 min. vor, in der jeder Mitspieler / jede Mitspielerin zum Stillstand kommt. Wichtig für die

Wirkung auch hier: *Konzentration auf gemeinsames Tempo*, auf konzentriertes Gehen (ohne Blickkontakt zum Mitspieler) – eine entsprechende (sich verlangsamende Musik / Sphärenmusik) könnte hier z.B. auch verstärkend eingesetzt werden.

■ Beide Übungen sind z.B. auch wesentlicher Bestandteil von *Straßentheater-Darbietungen* und dort relativ schnell wirkungsintensiv einsetzbar.

Hinweis

***4)*** Zur besonderen „mimischen" Intensivierung sei hier nochmals an die ***„Spiegel" – „Repeat-Übungen"*** erinnert (vgl. S. 66 ff.)

***5) „Zeitlupen-Kampf"*** unter Zuhilfenahme von *Stöcken.*

Paarweise die Mitglieder kämpfen lassen (Achtung: extreme Zeitlupe!!) (Fechten!) Wichtig ist, daß die Spieler/innen auch an Atmung / Mimik – „großmachen"-denken. Auch als Gruppenübung! (wieder auf gemeinsames Tempo achten und auf den *dem Angriffsziel am nächsten Stehenden* (Impulsgeber!). Vgl. S. 72 b

## Atem und Stimme

Fließen des Atems als besondere Kraftquelle. Atmung als Kraftquelle fernöstlicher Religionen (ZEN-Buddhismus), Atmung auch als Kraft des körperlichen Theaterspiels und der Stimme, dieses zumindest kennt jeder, dem beim Sprechen einmal der Atem fehlte, der durch falsches Atmen unzusammenhängend sprach.

Natürlich sollen auch *Atem* und *Stimme* hier Platz eingeräumt werden, wenngleich Stimme oder gar Sprechtechnik als wesentliches schauspielerisches Mittel eher dem professionellen Theater und seiner Ausbildung vorbehalten sind. Zumindest laut und vernehmlich zu sprechen, muß aber auch im Mittelpunkt unserer Arbeit stehen. Denn was nützt uns alle Mühe, wenn uns keiner versteht oder wenn mangels Lautstärke in den hinteren Zuschauerreihen die störenden Rufe: „Lauter!!!" erschallen?! Unser Anliegen soll also sein die Stimme zu stärken, sie tragfähig zu machen für unser Anliegen: glaubhaftes Schul-, Vereins- und Amateurtheater zu spielen.

### A) Atmen

*a) Liegen* in Rückenlage auf dem Boden (Hände neben sich, Handflächen auf dem Boden)

☐ wir atmen ganz bewußt, indem wir dem Atem durch unseren Körper „folgen"

☐ möglichst tief atmen (Luft „bis ins Zwerchfell")

☐ genauso bewußt Atemfluß beim Ausatmen folgen *(5 Minuten wiederholen)*

*b) Aufstehen* im 4er oder 8er-Takt

☐ während des Einatmens aufstehen (Spielleiter gibt Takt – Schläge vor)

☐ kann auch von jedem Spieler / jeder Spielerin nach eigenem Takt gemacht werden

☐ 4 Takte lang die Luft halten (nun stehend)

☐ Ausatmen im 8er Takt oder sich wieder im 8er Takt hinlegen

☐ auch diese Übung mehrfach wiederholen

*c) Stehen* mit Konzentration auf den Körperschwerpunkt (leicht angewinkelte Knie, hängende Oberarme, konzentriert, Atmen möglichst tief in das Zwerchfell / Zentrum) und wieder Fließenlassen des Atems

☐ Einatmen im 8er Takt

☐ 4 Takte Luft halten

☐ Ausatmen auf langes *fffff* (mit Schluß-*t*: Zwerchfell spüren) (vgl. wer „längeren Atem" hat)

*d) Oberkörper hängt* (bei leicht gespreizter Fußstellung) nach unten, Arme hängen locker (baumeln lassen), auch Gesicht lockern (Unterkiefer)

☐ Atem ‚folgen' möglichst „bis ins Nierenbecken"

☐ Einatmen bis ins Nierenbecken

☐ Luft „halten" und mit dem hängenden Oberkörper leichte Wipp-Bewegungen vollführen (10x)

☐ Ausatmen und dabei Oberkörper Wirbel für Wirbel aufrichten

☐ beim Einatmen wieder Oberkörper langsam sinken lassen (Luft bis in das Nierenbecken)

☐ Wippen usw. s.o.

*e) Entspannungs-Übung* mit einem Partner
*Bauchlage*: Ausatmen auf *„sch"* (Partner preßt die Luft heraus) – *stehend*: auf „sch" ausatmen – Partner klopft die Luft mit leichten Trommelschlägen heraus.

## B) Stimme

Hinweis

■ Nur durch ständiges Üben ist eine Verbesserung der Stimme, ihres Volumens, ihrer Tragfähigkeit möglich. Aber auch kleine Übungen können (regelmäßig angewandt) hierzu beitragen. Auf „Stütze" (Sprechen aus dem Körperzentrum / Zwerchfell angespannt) sollten wir bei diesen Übungen zunehmend achten!

a) Alle Teilnehmer/innen stehen im Kreis (locker, leicht angewinkelt – vgl. Schwerpunkt)
□ der Spielleiter beginnt und trägt einen *„Vokal"* auf geöffneter Hand durch den Raum (eine Runde oder so weit er kommt). Wenn Atem und Stimme nicht mehr können, Vokal an andere/n Mitspieler/in „übergeben" der / die mit eigenem / neuen Vokal seine / ihre Runde macht.

b) *„Wattebällchen" austeilen* – Gruppe steht im Kreis wie a). – (Achten auf Stütze!)
Spielleiter beginnt, Einatmen, in den Kreis gehen, Verteilen der „Wattebällchen" auf: *„ba", „be", „bi", „bo", „bu"*... (Dabei gibt er im Kreis herum die auch mimisch dargestellten Bällchen)

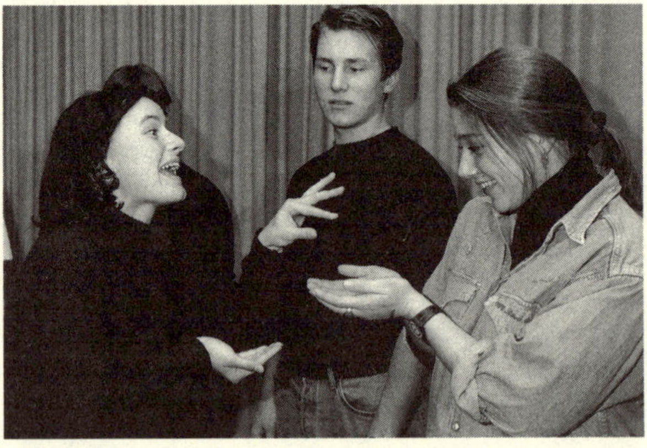

☐ Der zuletzt ein Bällchen bekommen hat, geht nun seinerseits in den Kreis und vollführt das gleiche Spielchen.

Der Spielleiter achtet zunehmend auf Stütze und darauf, daß die Spieler/innen bei jedem Bällchen (im Moment der Übergabe) auch mit beiden Füßen auf dem Boden *stehen*!

c) *„Stahlkugeln"* in den Kreis werfen
wie b) – nur hart! und aggressiv!
„ka!", „ke!", „ki!", „ko!", „ku!"!!!
(Hier bitte noch deutlicher auf Stütze achten! – Man muß hier regelrecht das angespannte Zwerchfell sehen!)

d) vergleiche hierzu auch S. 84 f.

e) *„Kegelbahn"*

Die Mitspieler/innen stehen in einer langen Reihe. Wenn man drankommt, nimmt man eine Kegelkugel (gespielt) auf, man sieht vor sich die Bahn mit den Kegeln am Ende (so weit wie möglich weg).

☐ Man holt aus. Wie beim Kegelspiel leichter Ausfallschritt. Dabei (zu dem nach hinten emporschnellenden Arm) rufen wir ein kurzes „ma!“ und lassen vorne die Kugel los!

☐ Wir folgen der Kugel mit einem langen gedehnten „maaaa“, das allmählich verebbt, wie die Kugel in der Weite. Dabei nehmen wir den Arm, der die Kugel weggeschleudert hat, ganz langsam zum Verebben der Stimme nach oben und richten dabei unseren Oberkörper wieder auf. – Wechsel.

Diese Übung kann z.B. täglich selbst zu Hause wiederholt werden, um damit das Stimmvolumen und die Stütze zu trainieren.

f) *Variation zu e)*

Raumpunkt aussuchen. Und beim Gehen durch den Raum selbst (oder durch Impuls von außen) Schritt anhalten, Punkt sehen und mit Armbewegung z.B. auf „aaaa“ Punkt „grüßen“ (lauter werden und verebben) – weitergehen und wiederholen.

g) *Zweierpaare bilden*

Partner machen unter sich einen Vokal aus, den sie sich (lauter oder leiser werdend) zurufen. Richtet sich vor allem nach den Mitspielern und deren Lautstärke. Je weiter man sich von einander entfernt, desto lauter muß wohl die Stimme sein und umgekehrt.

Dies kann auch durch ein Wort oder einen Satz variiert werden. (Wir achten darauf, daß die Stütze stärker in Anspruch genommen wird!)

h) *Einzelübungen* – (Sprechtechnik)
Stehen in der Grundhaltung (konzentriert, locker, Stütze)
Schauen durch den Raum
Zusammenfallen von kurzen und langen Konsonanten-Vokal-Verbindungen:

balala – la – laaa
balala – la – leee
balala – la – liii
balala – la – looo
balala – la – luuu
balala – la – lao (= lau)
balala – la – loe (= leu) Merke Sprechweise der Diphthonge!
balala – la – lae (= lei)

i) *Lautstärke* – (besonders auch geeignet für zaghaftere Mitspieler)

Vorstellung: Jemand steht auf einem Dach mit dem Rücken zum Abgrund und droht jeden Moment herunterzufallen.
Wir müssen ihn durch einen Zuruf warnen: „He! Du da oben!"…

Vorgehensweise: Spieler geht mit dem Rücken zum Publikum auf die Bühne
Umdrehen, Sehen des vermeintlichen Unglücks
Stehen (wie angewurzelt) – Stütze! Mimik –

Brüllen: „He! Du da oben!" –
2–3 Sekunden halten! Lösen der Spannung
Abtreten.

Hinweis

■ Leiten Sie die Regie unbedingt auch einmal aus der letzten Reihe Ihres Saales. Die Spieler danken es Ihnen durch lauteres, deutlicheres Sprechen. Weisen Sie beim Proben immer wieder auf die *„Textklarheit"* hin, lassen Sie das „Verschlucken der Endungen" und das unreine Sprechen der Konsonanten (p, t, k) nicht durchgehen. Sprechen Sie falsch betonte Passagen sofort an (etwas falsch Betontes ist nicht verstanden!), üben Sie mit dem Spieler, der Spielerin den richtigen Rhythmus, auch spielerisch (z.B. auf einen Blues-Takt) …

## Improvisation

Was unter den Namen *Stanislawski, Strasberg, Grotowski* das Theater revolutionierte, weil es vom übermächtigen *Regie-Theater* und damit von der subventionierten Bühne unserer Schauspielhäuser mit ihren „Sechs-Wochen-Produktionen" wieder weg- und zum glaubhaften Theater, zum „authentischen" Theater, zum „armen" Theater hingeführt werden sollte und damit auch zum Zentrum des Theaterspiels: zum Schauspielen und zum Schauspieler, wird heute allgemein mit dem Stichwort *„Improvisation"* zu fassen versucht.

Improvisationen geben den Spielern Möglichkeiten, in sich selbst Situation, Gefühl und Rolle zu finden und sie damit von „innen" und nicht von „außen" an die Verkörperung heranzutragen. Es geht also beim Stichwort Improvisation darum, Gefühle, Eigenheiten des Fremden in sich selbst zu entdecken und sich das Fremde auf diese Weise zu eigen zu machen. Gleichzeitig vollzieht sich – auch im anspruchsvollen Schul- und Amateurtheater – darin der Weg zur glaubhaften Ausgestaltung eines an sich fernen Stoffes. Improvisation dient also der Glaubwürdigkeit und der Glaubhaftigkeit des Spielers vor einem von ihm respektierten Zuschauer. Ferner schafft sie eine innere Nähe des Spielers zum Stoff, öffnet sie ihm Zugänge und Aktionsansätze und in der Gemeinschaft mit den Mitspielern viele Möglichkeiten zum Verständnis von Stoff und Stück. Sie scheint also dem anspruchsvollen Amateur (und das ist auch der Schüler) geradezu auf den Leib geschrieben (unseres Erachtens auch eine Erklärung für die in den letzten Jahren so zahlreich gesehenen guten Schul- und Amateurtheater-Aufführungen!).

Vergleichen Sie zum Thema *Improvisation* ruhig auch Bertolt *Brechts* Improvisations-Übungen, z.B. den „Streit der Fischweiber“ zu Schillers „Maria Stuart“; immer dienen sie der Übertragung eines Stoffes in die eigene Welt (des Schauspielers). Über die Improvisation werden Dinge sichtbar, die wir als „Einzelkämpfer Regisseur“ niemals in dieser Fülle erkennen würden; aber gerade über die Anzahl der vielen Schauspieler-Individuen können unzählige Improvisations-Einfälle in die gemeinsame Produktion einfließen und sie vielfach bereichern.

In der bisherigen Abhandlung wurden schon viele Improvisations-Übungen angewandt (vgl. nur die „Strich-Übung“ S. 65 Nr. 4 oder die „Erfühlung körperlicher Eigenschaften“ über die „Gefühlsfelder“ S. 34; auch der gesamte Körpertheater-Teil könnte hier genannt sein). Wenn sie hier nochmals Besprechung finden, dann deshalb, weil unmittelbar vor der *Einführung ins „Stück“* (Teil 2) sich aus der Improvisation Handlungsrahmen, Szenenfolgen, -zugänge, Rollenannäherungen und -konfigurationen im Spiel miteinander plausibler und vielfältige Ideen für die Umsetzung sichtbar werden.

***1) Grundregel:***

☐ Frage nicht, behaupte!
☐ Nimm es an!
☐ Bleib dabei!

### *2) Improvisations-Übungen (noch ohne Stückhintergrund)*

*a) Eingeborenen-Kral im afrikanischen Busch*

Die Teilnehmer des Grals, die Eingeborenen, sitzen, spielen, palavern (in Phantasie-Sprache) miteinander oder für sich (es soll dabei eine typische Atmosphäre entstehen (Zeit geben!). Da tritt ein europäischer oder japanischer / amerikanischer Tourist auf (Fotoapparat). – Was geschieht?

Der Ausgang ist völlig offen. Die Gruppe soll aber einen Abschluß finden!

*b) freie Improvisation*

Die Teilnehmer sitzen alle im Kreis. Zwei Freiwillige kommen in den Kreis. Aus dem Kreis werden ihnen Rollen und Vorgaben zugerufen, z.B.:
„Du, A., bist eine Krankenschwester, in deren Station gleich eine Geburt zu erwarten ist."...
„Du, B., bist der neue Assistenzarzt, der noch nie eine Geburt miterlebt hat und sich deshalb im Gespräch mit der Schwester drücken möchte ..."

Die beiden Spieler/innen sollten genügend Zeit haben, in ihre Rollen hineinzuwachsen. Trotzdem kann durch Klatschen aus dem Publikum (= Einfrieren der Szene) die Handlung ergänzt oder erweitert werden. Die Spieler sollen zu einem *Abschluß* kommen!

Die Spieler/innen, die nach dem Applaus ihr Spiel beendet haben, dürfen ihre eigenen Nachfolger im Kreis bestimmen und ihnen die Rollen vorschreiben.

Hinweis

■ Diese „freie“ Improvisations-Übung hat in all meinen Theaterjahren viel Freude gemacht. Während der Intensivproben-Zeiten war sie z.T. allabendlich willkommene Abwechslung zu den Proben am Stück. Gleichzeitig offenbarte sie typische Spielstärken der Spieler/innen und gab neue Anhaltspunkte für Stücke und Rollen.

*c) Improvisation zu Kurz-Szenen*

(eine geübte Gruppe kann damit einen ganzen Theaterabend gestalten)

☐ Alle Spieler gehen durch den Raum, jede(r) erdenkt sich einen pantomimisch klar dargestellten Gegenstand (z.B. Ball etc.)

☐ wenn jede(r) einen Gegenstand gefunden hat, Austausch des Gegenstandes mit einem x-beliebigen Spieler. Jede(r) hat nun einen anderen Gegenstand, mit dem er / sie pantomimisch spielt

☐ Dreiergruppen bilden (wenn nicht möglich, eine Vierergruppe!)

Jeweils 2 Spieler/innen geben dem / der dritten, ohne daß diese(r) es hört, eine Rolle (Typ / Beruf o.ä.). Daraufhin wird dem dritten Spieler die Rolle mitgeteilt und zwei andere „typisieren“ wieder den dritten… bis alle eine Rolle haben.

☐ Wenn nun alle eine Rolle haben, lösen wir die Dreiergruppen wieder auf und setzen uns in einen Kreis. Jeder beschreibt nun seine Rolle („Ich bin…“) und erklärt, warum ihm der Gegenstand von vorhin abhanden gekommen ist. (z.B.: „Ich bin eine alte Oma, und mir ist beim Putzen mein Gebiß in den Gully gefallen, und keiner macht mir den Deckel auf, damit ich wieder etwas zu beißen habe …“)

☐ Neue, andere Dreiergruppen werden gebildet.

☐ Der Spielleiter gibt nun jedem / jeder in der Gruppe eine Aufgabe, ohne daß die anderen es hören oder sie bereden können!
A überlege sich bitte eine *Situation* (Handlung / Tätigkeit / Vorgang) z.B. eine Ferienreise, eine Sündenbeichte, Abwasch zu Hause etc. ...
B überlege sich bitte einen *Ort* (z.B. Kirche, Friedhof, Schule etc.)
C überlege sich bitte eine *Bühnengattung* (Tragödie / Komödie / Volksstück / Melodrama / Operette / Schwank / Zeitstück etc...)

☐ Wenn sich alle entsprechend ihrer Aufgabenstellung klar geworden sind, innerhalb der Gruppen kurz bereden, einen Einstieg überlegen und ein mögliches Ende und nacheinander

☐ Vorspielen der „Ergebnisse"

*d) Improvisationen mit „geheimem" Partner*

Zwei Partner erhalten ihre Typisierung jeweils getrennt von einander mitgeteilt, ohne also zu wissen, wer der Partner ist. Ohne ihre eigene Identität zu nennen, müssen sie nun sprechend spielend herausbekommen, wer dieser Partner ist.

Für Spieler und Zuschauer gleichermaßen spannend und lustig!

*e) „Theatersport"*

Aus dem Amerikanischen vor einigen Jahren herübergeschwappt, ist dieser Improvisationsspaß auch hierzulande zur Mode geworden.

Zwei Teams mit je 5 Spielern / Spielerinnen geben (nach Vorgabe des Themas durch das Publikum) ihr Bestes, um wetteifernd aus der reinen Improvisation heraus für die eigene Mannschaft einen Punkt zu erhalten. Das Publikum stimmt mit Farbkärtchen oder pfeifend, rufend über den Punkt ab. Ein Schiedsrichter moderiert, feuert an, macht Stimmung. –

Auch wenn man dieser Form von Theater reserviert gegenüber stehen möchte, ist sie doch – zumal für jugendliche Spieler/innen – ein ausgezeichnetes Übungsfeld, aus der Situation heraus, aus dem Stegreif, zu spielen und damit sich selbst und / oder einem Publikum herrlich-erfrischendes Theater zu bieten. Die Möglichkeiten sind dabei unerschöpflich. In meiner eigenen Gruppe ist es eine bevorzugte Möglichkeit, nach harter Probenarbeit abends sich gegenseitig Spaß zu machen …

*Hier einige Vorschläge:*
e 1) Endlos-Geschichte

Das Publikum nennt ein Thema, z.B. „Auf dem Teppich über Deutschland", die Spieler einer Mannschaft / oder gemischt: beider Mannschaften, stehen dem Publikum gegenüber in ein / zwei Reihen und erzählen nun der Reihe nach (wie vom davorsitzenden Schiedsrichter gezeigt) ihre Geschichte, wobei der Erzähler nach Fingerzeig des Schiedrichters exakt wechseln muß. Achtung! Der Wechsel kann auch innerhalb eines Wortes geschehen, so daß der als nächstes gezeigte Spieler noch das Wortende in seine Fortsetzung übernehmen muß.

*Beispiel:* Spieler A „… unter mir lauter grüne, blau."
(Fingerwechsel!)
Spieler B „… e und rote Felder …"

Bei Fehlern entscheidet das Publikum über den „Tod", das Ausscheiden, des Spielers durch „Auszählen": „eins, zwei, drei … stirb!" – Der Spieler fällt daraufhin um und verläßt die Bühne. Um das Spiel gegen Ende spannender zu machen, werden dann die Wörter „und" und „die" gestrichen … Die letzten drei Spieler müssen ihren Tod (pantomimisch) aufgrund von Vorgaben des Publikums sterben.

Hinweis

■ Sie werden bei dieser Übung feststellen, daß gerade Spieler/innen, die vielleicht bisher relativ unauffällig waren, plötzlich mit ganz neuen Ideen aufwarten und als Erzähler/innen äußerst kreativ sind …

e 2) Ergänzungs-Improvisation
(jede Mannschaft benennt hierfür 3–4 Spieler)

☐ Spieler/in A) fängt auf Zuruf des Publikums (Schiedsrichter steuert hier etwas) ein Thema an zu spielen (z.B. „Goldfischsuche in der Wüste“ – je origineller, desto besser!). Er / Sie spielt das Thema mit Mimik, Gestik und Sprache absolut überzeugend!

☐ Auf „check!“ oder „freeze!“ (aus der eigenen Mannschaft oder aus dem Publikum – das muß man vorher ausmachen! –) springt nun ein zweiter Spieler / eine zweite Spielerin derselben Mannschaft in das Geschehen ein und schafft mit seinem / ihrem Einstiegssatz eine völlig neue Situation. Hier z.B.: „Na, hast du nun endlich deine Kontaktlinsen gefunden?“ – Der erste Spieler muß sich nun sofort auf das neue Thema einstellen und mitspielen!

☐ Wieder auf „check!“ oder „freeze!“ bringt nun auch der 3. Spieler sein neues Thema (Konzentration beim Hineinspringen!) ins Spiel, z.B.: „Stop, alles nochmal, ich hätte die ganze Szene etwas realistischer! Kameramann, sind Sie bereit?“ – und ebenso wechselt das Thema noch einmal beim vierten Spieler …

☐ Wenn nun aus dem ursprünglichen „Einpersonenstück“ ein „Vierpersonenstück“ geworden ist, verabschiedet sich nach und nach jeder Spieler wieder „rückwärts“, d.h. „check!“, der letzte Spieler geht, 3 Spieler spielen *sofort* wieder Thema Nr. 3 usw ….

Anschließend ist die zweite Mannschaft dran (wieder neues Thema vom Publikum) – und spielt genauso. Das Publikum vergibt anschließend brüllend, johlend, pfeifend, klatschend den Punkt. (Allein für dieses Spiel können gut und gerne 20–25 min. angesetzt werden.)

e 3) „Fernseh-Diskussion"

Je ein Spieler / eine Spielerin jeder Mannschaft sitzt auf einem Stuhl (in Blickrichtung Publikum) und bereitet sich seelisch auf die bevorstehende Diskussion vor. Arme und Hände dieser Spieler/innen befinden sich hinter dem Stuhl / sind also für das Publikum verborgen. Hinter den Stuhl (ebenso möglichst gut für das Publikum verborgen) kniet sich nun ein weiterer Spieler jeder Mannschaft und „leiht" dem auf dem Stuhl Sitzenden seine Arme und Hände (unter dessen Armen hindurchschieben). –

Synchron zu den Worten / Mundbewegungen des Sitzenden macht nur der / die Kniende die Arm- und Fingerbewegungen (auch das Gesicht des Sitzenden, seine Ohren, Brille, Krawatte o.ä. einbeziehen!). (Besonders reizvoll ist es, wenn die beiden Spieler einer Mannschaft Mann und Frau / Mädchen – Junge sind ...

Auch hier wird das Thema wieder vom Publikum vorgegeben, z.B. „Die perfekte Zubereitung eines Nudelgerichts". Der Schiedsrichter läßt anschließend auch das Publikum wieder über den Punkt abstimmen.

e 4) „Play-Back-Fernsehspiel"

Je ein Spieler /eine Spielerin jeder Mannschaft steht auf der Bühne, während sich das Publikum Thema und Genre / Gattung, in dem / der gespielt werden soll, überlegt (z.B. „Heimatfilm", „Liesels Rückkehr zur ihrem Hans"). Je ein weiterer Partner jeder Mannschaft legt sich nun (mit dem Rücken zum Publikum / in Sichtrichtung Bühne vor den stehend agierenden Partner und spricht die Rolle, die der stehende Partner nur mimt und gestisch ausfüllt …

e 5) 4 Gefühlsfelder
(auf den Boden zeichnen – mit vom Publikum vorgegebenen Eigenschaften, z.B.: „eklig, fröhlich, böse, sexy"…)

Zwei Spieler/innen jeder Mannschaft springen nun (nach einander) auf / in die Felder und spielen mit / gegen einander das aus dem Publikum vorher genannte Thema, z.B. „Sandkastenspiele" oder „Der erste Kuß". (Wechsel des Feldes = neue Herausforderung) Anschließend spielen zwei Personen der zweiten Mannschaft, und das Publikum entscheidet auch hier wieder den Punkt.

e 6) „Dia-Show – Urlaubsreise"

Ein Moderator jeder Mannschaft erklärt die Diabilder seiner Urlaubsreise. Das Thema wird auch hier vom Publikum vorgegeben, wobei auf „Klick!" das Bild „entsteht" (d.h. die übrigen Mitspieler „fallen" in eine Pose – sehr schnell! – und „frieren" sofort „ein" zum nächsten Dia. Der Moderator erklärt nun ganz spontan dieses Bild, z.B. zum Thema „Australien" (sieht in dem einen Hasen oder ein Känguruh usw., wobei das Publikum durch Zwischenrufe wie: „näher ranrücken"" oder „weiter wegzoomen" oder „das Bild steht auf dem Kopf!" in das Spiel eingreift. (oder auch: „Das Bild ist seitenverkehrt!") Die Gruppe muß dann möglichst schnell das Bild in der richtigen Weise korrigieren! –

Hinweis

■ Wenige Versatzstücke (Mützen, Kappen, Trikots, Aufkleber machen die Mannschaften auch farblich deutlich – in gleicher Farbe ausgegebene Abstimmungskärtchen beziehen das Publikum noch stärker mit ein. Jede Mannschaft braucht natürlich auch einen möglichst originellen Namen.

f) *Improvisation mit „verfremdeter Sprache"*
Hierbei wird die Sprache nebensächlich, die Situation tritt in den Vordergrund!

f 1) *Beschimpfen*
Teilnehmer sitzen im Kreis. Einer nennt seinen Nachbarn z.B. einen „Esel". Der Nachbar wiederholt „Esel", gibt eine neue Beschimpfung an seinen Nachbarn weiter – bis der Kreis geschlossen ist ...
f 2) Beschimpfen eines *Gegenstandes* (aber stellvertretend für eine Person), der ordentlich angepackt! wird,
... mit Phantasiesprache

Hinweis

■ Gutes Mittel, Spielhemmungen abzubauen und stärker aus sich herauszugehen!

f 3) Übung f 1) mit *Kosenamen*

f 4) *Unterhaltung mit dem Gegenüber im Kreis* (nur in Phantasiesprache) – Gegenüber muß aus Mimik und Gestik die Bedeutung des Gesagten erkennen und in gleicher Weise antworten.

f 5) *Paarspiel: Romeo und Julia*
einzig erlaubte Worte sind „Romeo" / „Julia"
(lieb / drohend / böse / usw. ausprobieren)

f 6) *Paarspiele zu typischen Zweierkonstellationen*
Beichtstuhl
Zahnarzt
Fahrstunde
Psychiater usw.

Der gesprochene Text ist aber völlig verfremdet: z.B. „Duden" – „Telefonbuch" – „Werbeprospekt" – „Schul-Fachbuch" etc., aus dem die Spieler/innen ihren Text nehmen.

f 7) *Ausbau der Rollen-Improvisationen* mit freiem (aber unverständlichem) Text
z.B. Herr / Herrin – Knecht / Magd (mit Gegenständen)
(Diener versucht dabei, Auftrag des Herrn nicht auszuführen.)

Ein gemeinsamer Abschluß muß gefunden werden.

### *3) Improvisations-Übungen (mit Stück-Hintergrund)*

hierzu vor allem auch *Kapitel II* (Regie im Schul- und Amateurtheater) ansehen!

a) vergleiche Grotowski-Übung *„Wetterbericht"* (Seite 39 Nr. 6) – (sinnliche Annäherung)

b) Wir überprüfen eine Szene / Geschichte / ein Stück auf ihre / seine *Gefühls-Inhalts-Ebenen,*

z.B. traurig – fröhlich
schüchtern – vorwitzig
laut – leise
weich – hart
dumm – clever usw.

Aufteilung des Raumes in die beiden Sphären
b 1) gegensätzliche Sphären / Stimmungen durch langsames Wechseln der „Gefühlsfelder" wahrnehmen
b 2) sich davon zum Spielen (mit / ohne Partner) anregen lassen!

Ganz wichtige Hinführung zu jedem Stück! Einstieg!

c) Wir *übertragen eine Szene* des Stückes in unseren eigenen Erfahrungsbereich,
z.B. „Romeo und Julia"
→ Ein Freund will seine Freundin abends abholen, um mit ihr auszugehen.
Der Vater / die Mutter der Freundin kommen hinzu (sie sind völlig gegen die Beziehung!)
Es findet ein Dialog statt: Verbalisieren des Konflikts bis zur völligen Schärfe!
Aufgabe: einen Abschluß zu finden!
z.B. „Sommernachtstraum" (Handwerkerszene I: Zettel, der alles spielen will)
→ Übertragen in die heutige Zeit: Arbeitsamt, verschiedene Kandidaten stehen um eine Anstellung an, einer will alles haben!

d) Diese Möglichkeit, einen Sprechtext durch z.B. einen *„Subtext"* „aufzulösen", ist eine beliebte Idee, an einen sprachlich etwas ‚entfernten' Hintergrund zu gelangen.

e) *Innerer Monolog zur Rollenannäherung*
Sprechen (Füllen) der Sprechpausen (während andere agieren): Gefühle laut machen! Was denke ich jetzt hierüber?
Immer fragen: *Was tust du? Was fühlst du?*

f) *Projektionen in die Zukunft*
Was bin ich? Wie bin ich (z.B. in 20 Jahren?) – Vaterbild / Mutterbild

g) Übertragen einer fiktionalen Situation (des Stükkes / der Geschichte) auf den r*ealen Erfahrungshorizont*,
z.B. *Angst und Bedrohung* – reales Beispiel: *Schule.* Eine Klasse hat etwas angestellt. Sie deckt den wirklichen Täter. Dieser soll aber bestraft werden. Der Lehrer hat die Entscheidung zu treffen, wer wie bestraft wird. Muß einen herausfinden (gerecht oder ungerecht). Wie reagieren die Schüler? Wie reagiert der Lehrer? Welche Mittel wenden sie jeweils an? Ein Ergebnis muß gefunden werden!

→ Also aus einer eigenen Lebenserfahrung sich an die Spielsituation annähern!

h) *Fragen an die Spielfigur*
Wie denkst du über jenen / jene?
Ist er / sie mir gleichgültig?
Was war früher, vor der Szene??
Wie alt bin ich jetzt?
Wie fühle ich mich?
Wie denke ich (laut) über diesen Mitspieler / Rolle?
Was machst du gerne?

Spielleiter kann sich hier immer fragend einschalten.
→ Annäherung an eine Rollenbiographie
(vgl. Teil 2)

# Regie im Amateur- und Schultheater

**2**

**Welche Zugänge können wir uns zum Text verschaffen? Entweder vom Körper aus, von der Requisite, aber auch von der Sprache oder vom Bild her. Tips für die Regie und die Gruppenregie folgen in diesem prallvollen Kapitel für große und kleine Regisseure.**

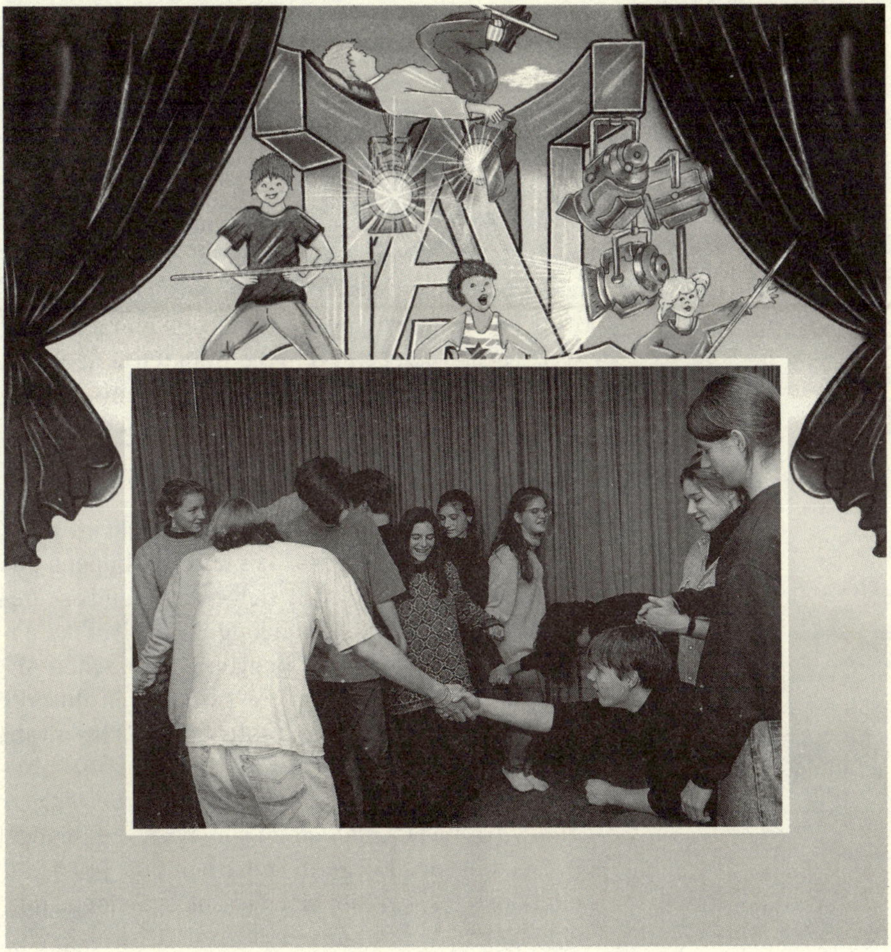

# Regie im Amateur- und Schultheater

## 1. Vom Körper zum Text

Wenn es uns in dem vorangegangenen 1. Teil dieses Leitfadens primär darum ging, den Spielern etwas von dem zu vermitteln, was Spielen ist, worauf es beim Theater*spielen* ankommt, soll nun im 2. Teil das „Theater*machen*", d.h. die Konkretisierung und Umsetzung im Zentrum der Betrachtung stehen.

Während der ersten Wochen haben wir uns zusammen mit der Gruppe Gedanken gemacht, welchen Stoff, welches Stück, welches Ziel wir anstreben. Denn ohne gemeinsames Ziel geht es nicht weiter. Konkret heißt das, daß unsere Übungen aus Phase 1 nun immer auch zielgerichtet auf das gemeinsame Stück hin Anwendung finden. Auf der anderen Seite haben diese Übungen ja auch schon Ansatzpunkte (auch besondere Fähigkeiten unserer Spieler) erkennen lassen, Stoff- und Stückauswahl gefördert.

Wenn also nun eine Annäherung *„Vom Körper zum Text"* behandelt werden soll, heißt dies immer: Umsetzung der Körpertheaterarbeit aus Teil 1 auf ein konkretes Ziel hin, eine Geschichte, einen Stoff, ein Stück.

Hinweis

■ Es hat sich oft als sinnvoll erwiesen, auf dem Weg zu einer großen Produktion über „kleine“ Beispielgeschichten (*Minidramen*) oder die Dramatisierung einer Kurzgeschichte dem Ziel näher zu kommen. Gleichzeitig bietet gerade diese Möglichkeit dem Lehrer *geeignete Mittel, z.B. auch eine Lesebuchgeschichte mit Kleineren umzusetzen.*

### *1) Aufwärmen und Sensibilisieren*

Angenommen, in unserem Stück spielen die Eigenschaften „gut – böse“ eine große Rolle, so beginnen wir z.B. improvisierend mit der *Konzentrationsübung* (S. 88 Nr. 2) und lassen so das *Gefühl „böse“* in uns allen „entstehen“. (oder umgekehrt)

Auch die *Abgrenzung des Raumes* in eine „gute“ Hälfte und eine „böse“ (und das Ausprobieren des jeweiligen „Kraftfeldes“) ist als Einstieg möglich (vgl. S. 34).

Andere *Vorgaben* könnten sein: (immer auf Stück / Stoff / Geschichte beziehen!)

- Neid
- Mißgunst
- Habgier
- List
- essen / trinken
- Moral / Lehre
- Schein / Sein

*Übungen hierzu:*

a) Dreiecks-Beschuldigung: „Ich? – Nein, Du!“ (während die ganze Gruppe im Kreis herumschleicht)
b) Spielen, sich begegnen mit diesen Eigenschaften (improvisieren)
c) sie verlagern in eigene Erfahrungsbereiche (z.B. Schule / Familie / Freundeskreis / Ferien)

d) Konkretisierung der Situation
z.B. A möchte B einen Streich spielen und bedient sich hierzu des ahnungslosen C – Situation ausdenken und mit offenem Ende spielen!
→ anschließend auf Lesebuchgeschichte übertragen!
(Diese Improvisation paßt z.B. zur Kalendergeschichte „Das wohlfeile Mittagessen" von Johann Peter Hebel)

Hinweis

■ In gleicher Weise können wir natürlich auch Stimmungen improvisierend kenntlich machen:
Nacht – Töne – Kommunikation über Geräusche (Reagieren auf andere Töne) – Bewegungen innerhalb der festen Gruppe (ohne Körperkontakt zu verlieren!) – Angst – Bedrohung – Bewegung – Atmung – Gegenbewegung (alles in extremer Zeitlupe mit großer Mimik)

### *2) „Grundtypen" der Geschichte / des Stückes erschließen*

a) *Einstieg über das „Lesen"* (vgl. hierzu auch „V*on der Sprache zum Text*")
☐ abwechselnd alle Rollen reihum
☐ ausmachen, wer welche Rolle spielen mag (oder per Wahlzettel / „Satz")
☐ nun beim *Gehen durch den Raum* (ohne auf Mitspieler/innen zu achten!) den *Rollen-Namen* sprechend durchimprovisieren:
☐ Auflösen in alle Sprechbestandteile (Silben, Vokale, Konsonanten, rückwärts, vorwärts usw.)
☐ In „Rollenpaaren" Rücken an Rücken sitzen (alle Rollen einer Figur zusammen) und mit den Bestandteilen des Rollen-Namens *kommunizieren* ... (auch Stimmungen werden mit dem Rücken mitgeteilt).

Hinweis

■ Annäherung an die Rolle über den Namen!
→ gibt erstes Gefühl für die Rolle!
Selbstverständlich können so auch sämtliche Rollen durch alle Spieler einmal „erfaßt" werden.

*b) Grundsituationen / Grundstimmungen erschliessen*

b 1) Aus dem großen Bereich von Gemütszuständen (vgl. S. 31–34) suchen wir uns zu *3 Sprechpartikeln* (Silben, Vokale, Konsonanten – vorwärts / rückwärts) nun drei entsprechende Grundgemütszustände heraus:

z.B. – gehetzt – müde
– traurig – aggressiv
– ausgelassen – lieb
– fröhlich

Diese Stimmungs-Sprech-Partikel übertragen wir auch auf Rollenmerkmale / Situationen
z.B. *Amphitryon*: der Feldherr – der Liebhaber – der Gehörnte, der nichts mehr kapiert

b 2) Diese drei *Grundgefühle / Grundsituationen* (meiner Rolle) machen wir nun zusammen mit den mit ihnen in Verbindung gebrachten *Sprechpartikeln* des Rollennamens *„reproduzierbar"*.
z.B. *„Hans"* = Ha... = fröhlich (der alles verschenkt)
= n, n, n = traurig (der alles verliert)
=s, s, s = müde (der nicht mehr will)

*Vorgehensweise*

☐ Wir gehen durch den Raum (jeder für sich)
☐ Wir bleiben stehen: in Gestik / Mimik / Stimmung: sprechen: „Ha!"

☐ Wir lösen die Haltung, gehen wieder durch den Raum, kommen in die nächste Stimmung: bleiben wieder stehen: Gestik / Mimik / Stimmung: sprechen: „n, n, n“
☐ Wir lösen auch diese Haltung wieder, gehen weiter, kommen in die dritte Stimmung, bleiben wieder stehen: Gestik / Mimik / Stimmung: sprechen: „s, s, s“
(Diesen Vorgang wiederholen wir sooft, bis sich die Stimmungen und Sprechweisen verinnerlicht haben)

b 3) *Begegnung* der Spieler/innen mit den gleichen Rollen
☐ zunächst in der Begegnung auf der Bühne stehenbleiben, den anderen ansehen, aber nur die eigene Rollenauffassung (Haltung) „beibehalten“ und nacheinander alle drei Grundstimmungen „durchprobieren“
☐ b 3.1) in der Kommunikation mit dem andern Rollenträger „fließende Übergänge“ (vgl. S. 31, 41, 65 f.) zwischen den Stimmungen / Sprechpartikeln anwenden …
☐ b 3.2) auf Schlag ändern, abrupte Übergänge ausprobieren!

b 4) auf „*Dreischritt*“ dieses Rollenspektrum abrufbar machen / reproduzierbar!
z.B. Schritt 1, Schritt 2, Schritt 3 = *böse* stehen / Namenspartikel… (lösen)

Bitte darauf achten, daß die Mitspieler/innen Gang / Gestik / Mimik „verinnerlichen“ und über Konzentration / Spannung Ausdruck bekommen. Auch an „Stütze“ beim Sprechen und Stehen erinnern!

Schritt 1, Schritt 2, Schritt 3 = *lieb* stehen / Namenspartikel… (lösen)

Schritt 1, Schritt 2, Schritt 3 = *traurig* stehen / Namenspartikel

(beliebig wiederholen – bis reproduzierbar)

## 2. Vom Requisit zum Text

Unabhängig davon, daß das Requisit, der Spiel-Gegenstand, für die Handlung des Stückes wichtig sein mag und sich über die Improvisation mit ihm viele Möglichkeiten der Rollenausgestaltung ergeben: für den Amateur- und Schultheaterspieler bietet das Requisit darüberhinaus vielfältige Hilfen, z.B. sich an etwas „festzuhalten" (damit auch ruhig zu werden und gezielter zu spielen) und im Spiel mit dem Requisit, z.B. durch das „Erzählen" einer stillen Geschichte, Spannung zu erzeugen und die eigene Rolle zu vertiefen.

Wichtig ist, daß die Bedeutung des Requisits eindeutig erkannt wird, daß es geeignet ist, Gang / Stimmung / Gestik / Mimik zu unterstützen, wobei unsere Aufgabe als Spielleiter immer auch sein muß, die eigentliche Stärke des Spielers / der Spielerin zu entdecken: eher vom *Gang / Körper* / eher vom *Requisit* oder von der *Stimme* her die Rolle zu unterstützen.

***1) Einführung des Requisits***

Jeder Spieler / jede Spielerin sucht sich ein möglichst deutliches Requisit (deutlich / groß / erkenbar) – nicht unbedingt ein „Petersiliensträußchen" (kann auch als originelles Requisit in Auftrag gegeben werden) ...

***2) Spielen mit dem Requisit***

a) spielend die Möglichkeiten des Requisits erschließen
b) überlegen: *Was könnte dieses Requisit noch alles sein?*

(Was gibt mein Requisit alles her?)
z.B. „Stock" = Fernrohr, Wanderstock, Schlagwaffe / Degen, Geigenbogen usw.
z.B. „Brotkörbchen" = Hut, Spiegel, Fächer, Sammelbüchse des Bettlers

c) Wir suchen also *drei andere Bedeutungen* unseres Gegenstandes als die reale.

d) Nun spielen wir die verschiedenen „übertragenen" Bedeutungen des Requisits mehrfach durch (fließende / abrupte Wechsel) und machen sie somit reproduzierbar.

### *3) Requisit und Situation / Gefühlsstimmung*

Wir übertragen nun auf jede Requisitbedeutung eine Gefühlsstimmung / Situation der Rolle von Seite 117/118; z.B. Körbchen

= Spiegel = fröhlich / heiter / Liebhaber
= Hut = aggressiv / Feldherr
= Sammelbüchse = traurig = „Ich will nicht mehr"
☐ Wir übertragen Requisit auf Stimmung / Gang / Gestik / Mimik
und erproben (wie unter S. 117/118) *fließende* und *abrupte* Übergänge (auch mit Dreischritt probieren) bis zur Abrufbarkeit.
☐ Wir trainieren den Wechsel und die verschiedenen Bedeutungen mit *Klatsch-Impuls:*

a) auf Klatschen *„einfrieren"* (Teil der Gruppe beobachtet)
b) *fließende Übergänge* (durch Klatschen ausgelöst) Gegenstandsveränderungen beobachten: gleichzeitig verändert sich unsere Mimik, unser Gefühl, unser Gang!

***4) Hinzufügung der „Namensbestandteile"*** (aus 1)
übertragen auf jeweiliges Requisit
jeweilige Stimmung / Situation
jeweilige Mimik / Gestik / Gang

Hinweis

■ Diese Übungen sind nun nicht mehr leicht und erfordern viel Zeit! Nicht weitergehen, bevor nicht alle sicher sind!

***5) Begegnung mit Spielpartnern***
unter Verwendung von Requisit
Stimmung / Situation
Namensbestandteile
(entsprechende Mimik / Gestik / Haltung)

zwischen *abrupten* und *fließenden* Übergängen variieren – nach Rollenbegegnung Wechsel in anderes Requisit usw.

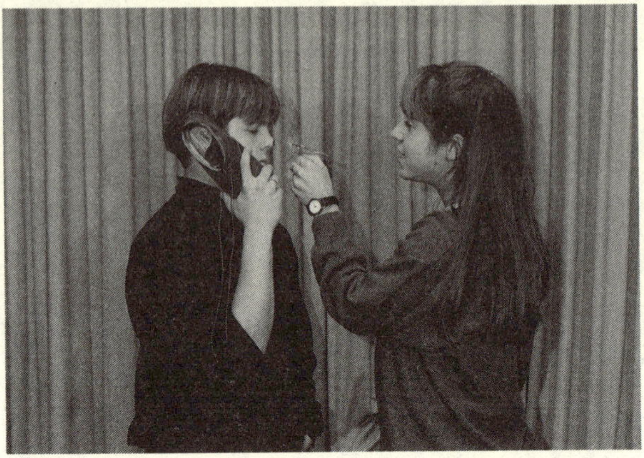

Hinweis

■ Bitte darauf achten, daß nicht zuviel auf einmal gemacht wird! Bei der Begegnung *bitte stehen bleiben.* Auf Stütze und Zentrum achten, Zeit lassen für die Übergänge …
Über diese Spielweise finden viele Spieler/innen einen völlig neuen Zugang zu ihrer Rolle, und wir als Regisseure über die Spieler/innen zu schönen Inszenierungsideen!

*Einige Tips*

☐ Angenommen, Sie haben einen Säufer spielen zu lassen, was liegt näher, als ihm als Requisit eine Flasche zu geben ... Aber stärker wirkt er vielleicht noch, wenn alle seine Mitspieler (Gruppe) eine Flasche haben, nur er, der Säufer, nicht! Wie mag das seinen Spielfluß fördern, was mag sich in ihm aufstauen, wenn er dann endlich das Ersehnte bekommt?!

☐ Oder geben Sie einem Spieler / einer Spielerin etwas zu essen! Natürlich darf hier das Requisit nicht zu klein ausfallen! Große Würste, große Brote, Torten (!) – und schon ist aus dem Spieler XY eine Rolle geworden. (Selbstverständlich hat er / sie dann des öfteren auch den Mund beim Sprechen voll!) z.B. Tom Schnauz, wenn er im „Sommernachtstraum" die Wand spielt!

☐ Die Heulsuse, die Melancholische, die überall nur Vanitas und Tod sieht – ist leicht mit einem „Heultuch", dem frühkindlichen Bettzipfel, darzustellen ...

☐ der vom Leder ziehende (etwas vertrottelte) Angeber mit einem (viel zu großen) Degen, über den er immer wieder fällt ...

☐ der „Sklaventreiber" mit seiner Peitsche (die er vielleicht schon auf der Bühne still vor sich hinflicht, um dann im rechten Moment damit zu kanllen) usw. usw. ...

☐ der Choleriker mit einem Stock

Immer sollte das Requisit aber mit Gang / Stimmung / Gestik / Mimik harmonieren. Oder im besonderen Falle Widersprüche aufzeigen ...

## 3. Von der Sprache zum Text

Es wäre durchaus sinnvoll, diesen Teil der Abhandlung vorzuziehen, denn wie soll man ohne gesprochene oder geschriebene Sprache sich dem Text nähern? – Wenn es erst hier geschieht, dann deshalb, weil sich nun (nach dem Requisit) die Sprache als letztes ausgestaltendes Rollenmittel ergeben *muß*. Jetzt muß der Akteur, die Aktrice entsprechend der Stimmung / der Situation auch mit der Sprache agieren. Die Betonung / die Emotion ist also über die vorhergegangenen Schritte (Stimmung / Situation) eingeleitet und damit für den Schul- und Amateurspieler schlüssiger.

Hinweis

■ Wir beginnen mit einer Lese-Annäherung an den Text. Und hier sei mit besonderem Nachdruck an die vielen Möglichkeiten gerade im Sprachunterricht erinnert: Welche unzähligen Schritte gibt es, sich einem Lese-, Theaterstück zu nähern? Machen Sie getrost davon Gebrauch!

***1)*** Vergleiche hierzu vor allem auch ***„Zugang über die Rollen-Namen"***

***2) Aufwärmen und Sensibilisierung über Sprech-Impulse***

a) Gruppe steht im Kreis – Schulterberührung –
b) Spielleiter läßt einen Ton herumgeben: – klingendes O:
c) wenn dieser Vokal durch, ein offenes, kurzes (o)
d) Frage-Antwort (Sagen-Anschauen-Rückfragen-Weitergeben)

A sagt o:
B fragt o?
A sagt o!
B gibt o: weiter

e) Verschiedene Tempi variieren / Takt oder immer schneller werdend!

f) „aho:“

g) Wechsel „aho:“ und „oha!“
Spieler A fängt an, sagt „aho.“
Spieler B fragt zurück: „aho?“
Spieler B schüttelt den Kopf und an C weiter: „oha!“
Spieler C wiederholt fragend „oha?“
Spieler C schüttelt den Kopf und weiter an D „aho!“
usw. dabei immer Tempo beschleunigen!

***3) „Lesen“ des Textes als Erlebnis-Spiel***
*Wichtig:* Dies ist mit jeder Lesebuchgeschichte machbar, auch in anderen Unterrichtsfächern!

a) Wir sitzen im Kreis auf Stühlen

b) Text-Szene / Lesebuch-Geschichte o.ä. ausgeben (nicht den Gesamt-Dramentext)

c) Jeweils eine Zeile im Kreis herum lesen (nicht über Zeilenende hinaus!)

abwechselnd laut – leise
langsam – schnell
melodiös – monoton
verschiedene Rhythmen
nur Vokale
nur Konsonanten

traurig – fröhlich
glasklar – besoffen
kleines Kind – alter Mensch
Träumer – Militär
vor dem Sprechen aufstehen, hinter den Stuhl gehen, stehen, sprechen, sitzen, Wechsel!
vor dem Sprechen auf den Stuhl steigen usw.
vor dem Sprechen unter den Stuhl kriechen usw.

d) Paare im Kreis ausmachen, die sich gegenübersitzen und die Zeilen des Stückes / der Szene / der Geschichte zurufen:

aggressiv
wie Fußball-Schlachtrufe
wie im Beichtstuhl
Direktor – Lehrer
Chef – Knecht
Liebesgeflüster
total müde
vor verschlossener Toilette usw. ...

Hinweis

Davon abgesehen, daß auf diese Weise *spielerisch* der Text erlesen und von allen Mitspieler/innen durch mehrfaches Lesen auch verstanden wird, werden gleichzeitig Rollenmuster mitbedacht, und in vielen Ansätzen ergeben sich direkt Umsetzungsmöglichkeiten für ein späteres Spielen des Textes!

### *4) Übertragung auf Rollen / Typen*

Wenn wir als Text z.B. das Liedchen „Ein Männlein steht im Walde“ nehmen, können wir – ausgehend vom Lese-Einstieg – unzählige Rollen-Variationen zusammenstellen, z.B. Sprechen des Textes

| | |
|---|---|
| als kleines Kind | als alter General |
| als Politiker der Grünen | als Lateinlehrer |
| als Popstar | als Pfarrer etc. … |

***5)*** Zurück zu Seite 121 Nr. 5:
***nach Körper / Stimmung / Situation / Requisit***

Hinzunahme eines oder dreier Sätze
Falls nur ein Satz zur Verfügung steht, kann dieser in den drei Variationen gesprochen werden, drei verschiedene Sätze werden entsprechend verteilt.
a) Zu der festen Verbindung Stimmung / Requisit nehmen wir nun den *Satz* dazu.
Je nach Stimmungs-, Situationswechsel ändern sich auch *Satz* und Requisit.
b) Bitte wieder wie unter S. 121 auf *fließende* und *abrupte* Übergänge trainieren – reproduzierbar machen.

Hinweis

■ Jedem Spieler / jeder Spielerin stehen nun drei verschiedene Sprech- und Spielweisen zur Verfügung, mit denen wir auf der Bühne bereits arbeiten können.

c) Jeweils drei Spieler/innen gehen auf die Bühne.
☐ In der Begegnung:
Stehen, Sehen, Ausdruck (Stimmung), Satz, Stehen und Reaktion des anderen abwarten
☐ Nach der Begegnung:
Lösen der beiden und Wechsel in andere Stimmung, anderen Satz usw.
☐ Alle Spieler/innen sollten sich während Ihres Spiels dreimal (in verschiedenen Rollen) begegnet sein.

Gute Einfälle, die aus der Begegnung sichtbar geworden sind, können wir uns für die spätere Inszenierung/Regie-Konzeption nutzbar machen.

Hinweis

■ Über diese Methode (wir haben sie hier Arno Hermer u. Marianne Jensen zu verdanken) werden nicht nur über einen spielerischen Weg abstrakte Dinge (Text) „bearbeitet“, sondern wir erkennen „spielend“ Hintergründe, Zusammenhänge, menschliche Reaktionen, die wir unseren Rollenzeichnungen hinzufügen können. – Auf ähnliche Weise kann ich als Deutschlehrer auch *eine Szene aus „Wilhelm Tell“* satzmäßig aufschlüsseln und die Schüler (z. B. bevor sie die Szene im Text gelesen haben) mit diesen Sätzen (natürlich auch mit Requisit und Stimmung) spielen lassen, bevor sie die Szene anschließend (und nun sprachlich verstehend!) „entdecken“ …

Dies gilt selbstverständlich auch für jedes Lesestück jedes Spielalters …

## 4. Vom Bild zum Text

Eine weitere Möglichkeit zum unmittelbaren Text-Einstieg bietet sich über das Bild / Foto / die Postkarte etc. Gerade bei Eigenproduktionen bietet das Bild gute Auslöser und Dramatisierungseinstiege.

Die Teilnehmer werden gebeten, z. B. zu einem bestimmten (oder mehreren) Thema über einen kleineren Zeitraum „Bilder“ (Postkarten / Fotos / Illustriertenberichte / Kunstpostkarten) zu sammeln. Über diese Bilder versuchen wir nun, an das Thema / die Themen heranzukommen:

a) Auslegen der Bilder auf einem großen Tisch

b) langes Studieren der Fotos

c) Welches sagt für mich besonders viel aus?
Von welchem würde ich mich zu einem Spiel / einer Umsetzungsidee anregen lassen?

d) Studieren der Menschen auf diesem Bild:
☐ Was könnten Sie denken?
☐ Was geht in ihnen vor?
☐ Was bewegt sie?
☐ Was würden sie gerade sprechen, wenn sie könnten? (Ist aus dem Bild vielleicht sogar ein Dialog erkennbar?)
☐ Sagt mir eine Person besonders zu?

e) Teilgruppen einigen sich auf Gruppenbilder
☐ Gemeinsames Studieren des Bildes
☐ Nachstellen des Bildes (möglichst wie Original)
☐ Vorspielen (Stellen)
☐ Fragen des Spielleiters zur Position ...Warum???
(ständiges Hinterfragen, um eine dichte Annäherung an das Bild zu erreichen)

f) Erneutes Einfrieren des Bildes („Stellen“)

g) Auf Impuls: Klatschen → „Auftauen“ des Bildes: Die Figuren reden / spielen miteinander

h) Sollte zu einem Abschluß kommen

Besonders ausdrucksstarke Bilder sind wirkungsintensiver (bei der Auswahl darauf achten!); Assoziationen zu eigener Stückvorlage werden deutlich, Spielvarianten tun sich auf.

# Regie – Tips

Ob Sie nun bei Proben selbst „vorspielen“ oder über „probierendes“ Spiel = Improvisation zum Kern eines Ausdruckes gelangen, ist nicht von primärer Bedeutung (manchmal diktiert uns auch die Zeit einen rascheren Weg!). Es wird mal so, mal so sein. Immer werden wir vom Spieler, vom Mitspieler, schließlich von uns selbst Kreativität erwarten müssen, uns also auch selbst in die Situation des Spiels hineinwerfen (das sorgt auch für Stimmung!). Wichtig ist, daß wir bei aller vorbereitender Konzeption und Anlage einer Szene offen an die Umsetzung gehen: weil Offenheit die Kreativität und Produktivität der gesamten Gruppe fördert. Und noch was: Was ich von anderen fordere, sollte ich auch selbst (vor) zu spielen bereit sein!

Natürlich sind auch die bisher behandelten Kapitel unmittelbar mit Regie verknüpft, weil sie den Weg zum Spiel ebnen. Im folgenden soll es nun primär um Regie-Tips gehen, die den Weg zum gemeinsamen Ziel vereinfachen und das Ergebnis möglichst glaubhaft machen.

## *1) Stück-Konzeption*

*Fragen:*

☐ Warum will ich dies spielen?
☐ Mit welchen Mitteln will ich es spielen?
☐ Interessiert es mich oder die Gruppe? Was macht es für beide interessant?
☐ Wie kann ich es spielen, daß es jederzeit glaubhaft wird?

☐ Ist das, was gesprochen wird, vom Spieler verstanden? – (Übertragen in seine Erfahrungswelt: Subtext, vgl. „Arbeitsamt" / „Sommernachtstraum" S. 111)
☐ Kann ich Übertragungsmöglichkeiten (Stoff / Geschichte) in die eigene Erfahrungswelt herstellen?

OTFRIED PREUßLER: ***„Krabat"***

Beispiel einer Szenen-Konzeption mit Übertragung in die eigene Erfahrungswelt!

*Kurzinhalt:* Jedes Jahr muß einer der Müller-Burschen sterben.

*Übertragung der Szene für die Spieler:*

a) Alle Spieler/innen stellen ihre Schuhe auf die Bühne.
(Wir betrachten uns das Bild und äußern uns dazu.)

b) Alle Spieler/innen nehmen sich eine *Zeitung* (Requisit) und gehen (wie von der Arbeit nach Hause) auf die Bühne, wo sie ihre Schuhe suchen und in sie hineinstehen. Text: „Wo sind meine Schuhe?" (Der Spielleiter hat aber – von den Spielern unbemerkt – ein Paar Schuhe verschwinden lassen, so daß einer der Spieler seine Schuhe nicht finden kann: Dies ist der vom Schicksal (bzw. vom Müllermeister) ausgesuchte Todeskandidat.)

c) Der „Auserwählte" wird also zunehmend nervös / ängstlich seine Worte wiederholen: „Wo sind meine Schuhe"? Seine Situation gleicht der des Müllersburschen in Preußlers Sage.

d) Während der Ruf nach den Schuhen langsam erstirbt und unser „Opfer" am Boden langsam seinen Geist „aushaucht" – reagieren die Mitspieler/innen durch ein trauriges „Zerreißen" der Zeitung:

- Stimmungs-, Geräuschhintergrund zur Szene!
- mit den Zeitungsschnipseln wird das „Opfer“ gleichzeitig „begraben“ / zugedeckt …

☐ Wo sind Verbindungslinien zu eigener Situation? Kann ich dem Stoff / Stück eine eigene / neue Atmosphäre geben?

Beispiel einer Übertragung in die eigene / heutige Verständniswelt!

SHAKESPEARE: ***„Sommernachtstraum“***

*Kurzinhalt:* (Eröffnungsszene)
Der Vater (Egeus) verklagt seine Tochter (Hermia),weil sie nicht den von ihm ausgesuchten Mann (Demetrius) akzeptiert …

*Übertragung der Szene in die Schule:*

a) Alle Spieler/innen sitzen frontal zum Zuschauerraum in einer Reihe (ohne die Mitspieler zu sehen) an *Schultischen.* Das hat zwei tiefere Beweggründe! Es gelingt damit, Schultheater als Theater in der Schule deutlich und spürbar zu machen. Schultheater ist nicht losgelöst vom Schulalltag, die Spieler sind immer auch abhängige Menschen, die Klassenarbeiten und Schulalltag nicht einfach ablegen können, sondern auch während des Spiels vor Augen haben.

b) Wie Marionetten an großen Fäden hängend, sind alle Bewegungen nur spärlich (Slow-motion). Die Bewegungslosigkeit (Schule, Statik, Hermias Situation vor Gericht) überträgt sich auf den Zuschauer in der Schule.

c) Nebeneffekt: Die auf Sparflamme reduzierte Handlung kommt dadurch, daß der Schauspieler seine Mitspieler (neben ihm) nur imaginär im Publikum vor sich sieht über die Mittel von Sprache und

Mimik viel deutlicher „rüber“ als jede „falsche“ Action; die Intensität wird zum Publikum hin erheblich gesteigert (die drohende Gewalt durch den Vater zum Publikum hin verstärkt) – die sprachlich wichtige Exposition des Stückes verstanden.

d) Die unterbewußt miterlebte „Schulsituation“ staut sich nun auf: Man möchte reagieren, braucht Luft, möchte „träumen“: handeln, lachen, weinen (wie die Spieler) ... Und da entführt uns ein riesiges grünes Tuch, das die Elfen von hinten durch den Zuschauerraum über die Köpfe des Publikums (ganz dicht) hinwegrollen, in die Traumwelt jener Liebesnacht ...

☐ Kann ich etwas für uns (als Gruppe / Zuschauer) besonders deutlich machen?

☐ Wo setze ich Schwerpunkte, Betonungen, Hervorhebungen?

☐ Was reizt uns *heute* (Zeitbezug) an der Geschichte?

☐ Gibt es Möglichkeiten, das Publikum (unsere Mitschüler / unsere treuen Besucher) in besonderer Weise (spielend / denkend) miteinzubeziehen?

☐ Wo sind sinnliche Wahnehmungen zu berücksichtigen?

☐ Welche Rolle spielen für uns andere Künste: Malerei? Musik? Tanz? Akrobatik? ...

☐ Gibt es Möglichkeiten, noch näher an eine Kernaussage heranzukommen? (Mittel anderer Künste?) (Prozeß eigener „Verwandlung“)

☐ Wie kann ich eine Kernaussage mit spielerischen Mitteln noch deutlicher herausarbeiten?
– Szene „groß“ – oder „klein“ machen: mit viel Gestik / Mimik oder ganz schlicht (mit kleinen sparsamen Bewegungen).

- mit fließenden „Zeitlupe"-Bewegungen (auf gleiches Tempo achten!)
- verschiedene Sprechweisen ausprobieren (Betonungen!)

Variationen durchprobieren

a) Schnellauf (Zeitraffer) – eher komisches Element!
b) Zeitlupe (Slow motion) – eher phantastisches Element!
c) betontes Sprechen – monotones Sprechen
d) völlige „Zurücknahme" bis zum „schlichten" Text (oft in ruhigen Passagen das wirkungsvollste „authentischste" Mittel)
e) Statik und Bewegung als Gegensätze nutzen

Hinweis

■ *Immer konkretisieren:*
*Nicht:* „Spiele Angst!" – sondern: „Stelle dir vor, die Decke stürzt ein!"
*Nicht:* „Spiele ‚streng'!" sondern: „Ich schaffe hier Ordnung!" …

### *2) Arbeit an der Rolle*

☐ Rollengestaltung:
Warum ist der / die so?
Wie kann einer / eine so geworden sein?

☐ *Rollenbeschreibung / Rollenbiographie:* (ruhig mal als Hausaufgabe!)

Was hat ihn /sie zu dem gemacht, was er / sie ist?
Wie feiert dieser Mensch Geburtstag? Weihnachten? Silvester?
Wie kocht der / die seinen / ihren Mitmenschen etwas?

Wie würde der / die sich als Mitschüler / Schüler / Familienvater / Mutter ... verhalten?
Was für Menschen sind seine / ihre Freunde?
Wie wären dessen / deren Kinder? (*Ruhig mal anspielen!!*)
Was hat der / die getan / gedacht / gesprochen bevor der eigentliche Spieltext anfängt? (*Vorszene spielen!*)
Wie geht der / die durch die Stadt? / zur Schule? / einkaufen?
Wie ist der / die, wenn er / sie fröhlich ist, traurig? (*probieren!*)
Wie wäre er / sie als Mitschüler neben mir, als Kollege / Mitarbeiter?
Wie würde er / sie sich verhalten? wenn wir gemeinsam ein Lied sängen?
Wie denkt der / die politisch / auf einer Wahlversammlung / am Biertisch?
usw. usw. ...

3) Bitte denken Sie daran, daß sich eine Figur im Laufe des Spiels auch „entwickeln" können muß (steigernder Einsatz der spielerischen Mittel)

4) Darauf achten, daß „Zappeln" unterbleibt: Beine stehen! Nicht beim Gehen sprechen!

5) *Pausen* als Spannungsmittel einsetzen (Blicke, Schritte, fließende Bewegungen, Wort-Wiederholungen, doppelte Sprechansätze, „gegenläufige" Handbewegungen: (fließend: erst Handwurzel mit ‚fließender' Hand, dann Zeigefinger!)

6) Spieler die „unsichtbare Wand" (= Publikum) sehen lassen. Blicke durch die Zuschauer „hindurch".

7) Nur in Ausnahmefällen mit dem Rücken zum Publikum (Spannungssteigerung).

8) *Gesprochenes immer lebendig vor sich sehen* (Augen!) – wo immer es geht, *„Er"-greifen* des Gegenstandes, der Person (wenn immer möglich!) = Handeln! und damit *„spielen"*!

9) *Text immer „wörtlich" nehmen!* (körperlich umsetzen: so gehen, so sprechen, so weinen ...)

10) Oberstes Gesetz unseres Spiels: *Immer Freude haben und entwickeln am Spiel!* (= Amateur)

11) Sich selbst und den Mitspielern Freude machen am gemeinsamen Spiel!

12) Immer auch für sich und die Mitspieler spielen und ruhig dabei auch den Einfallsreichtum steigern!

13) *Vorsicht!* – Es gibt Spieler, die zu Beginn einer Produktion bereits „sehr gut" sind und mit ihrer Rollenzeichnung erfrischend vorangehen, während es andere vergleichsweise schwer haben und erst in den „letzten 5 Tagen" „kommen"! Oft muß man die einen „bremsen" (= zurücknehmen: Hintergrund / Gestik / Parallelhandlung / simultanes Spiel) – die anderen fördern: vornehmen / lockern / durch zusätzliche Improvisationen aus sich herauswachsen lassen: Körpertheater-Übungen).

14) Eine Szene „verlagern" – in einen anderen Bereich versetzen – kann weiterhelfen (z. B. „im Bad" spielen lassen, in der „Sauna", „liegend" statt sitzend, „auf einem Berggipfel" statt am Strand usw. ... ) oder im Keller zwischen lauter Spinnweb, vor dem „Faß" – oder einmal eine Szene in den ortsüblichen Dialekt übertragen ...usw.

15) Die Besetzung ist das A und O des Amateur- und Schultheaters! Viel Zeit (und Gruppenmitsprache) sollte hierfür verwendet werden. Was dem Amateur an Technik fehlt, kann er – gut besetzt – durch typengerechtes Spiel und Improvisationsfreude ersetzen. Natürlich haben Sie als künstlerischer Leiter auch bei der Besetzung eine künstlerische Verantwortung oder als Lehrer ein pädagogische!

16) Bitte nehmen Sie sich viel Zeit für die Ensemble-Arbeit: gemeinsam wegfahren, ein Stück ansehen: Theaterfahrten, gemeinsam essen gehen, Vorträge / Diskussionen zu unserem Stückhintergrund etc. – Spielabende …

17) Es ist schwierig, Weisheiten zu verordnen. Manche werden mir widersprechen, aber ich habe noch nie Schauspieler mit dem Textbuch auf der Bühne agieren lassen. Das ist Sache der häuslichen Vorbereitung. Bei der Probe lähmt das Buch das Spiel.

Tip

1) *Vorphase* = Erspielen/Improvisieren der Stimmungen, Begegnungen / Subtext-Verlagerung in eigene Erfahrenswelt, Parallelhandlung entwerfen usw.
2) *Konkretisierungsphase* = mit „Kurzfassung" (1–3 Sätze pro Spieler) die Szene „anprobieren"
3) *nach der „Strichfassung"* (Spielvorlage) = Szene entwickelnd (improvisierend) *„stellen"* (Raum ausnutzen), *Gänge, Begegnungen* absprechen
4) *Szene in Zeitlupe* (auf Übergänge, Begegnungen, Haltungen) *ohne Text* (mit fließenden Bewegungen – und abrupten Wechseln) spielen
5) Text jeweils von *Souffleuse / Souffleur* Satz für Satz vorsprechen und von den Spielern / Spielerinnen in der Szene agierend sprechen lassen

## Gruppenregie

Gerade im Amateur- und Schultheater, wo ja mangels Stück-Rollen die Spielfreude auch mal leiden kann, wenn ich zu wenig berücksichtigt wurde, ist es wichtig, über das Mittel der Gruppen-Regie auch den Nebenrollen dankenswerte Theatererfahrung zu ermöglichen, bzw. über eigenständige Gruppenregie mehr als nur einen Ausgleich zu schaffen! Ähnlich dem Chor im antiken Drama soll auch hier die Atmosphäre verdichtet, die Gruppe gegenüber dem Zuschauer auch als Vermittler aktiv werden. Durch Konzentrationsübung (Spannung-Entspannung): Zuhören steigern durch Kopf-, Mund-, Augenausdruck! und Requisit (Spielen mit einem Gegenstand) wird der Gruppenspieler zum wichtigen Stimmungserzeuger, zum Erzeuger von Atmosphäre und Spielhintergrund. Dadurch daß 10 oder mehr Menschen – jeder für sich und doch alle gemeinsam – ein und dieselbe Geschichte (etwa eines Schiffsuntergangs!) körperlich darstellen, entsteht Spannung im höchsten Grade …

### A) Improvisation

Elemente-Übung: „Wasser“ – „Wind“ – „Feuer“

1) Die Teilnehmer/innen, alle für sich, spielen die Elemente „durch“ – herausbekommen, welches Element auf einen selbst gerade am stärksten zutrifft.

2) Mehrere Spieler/innen auf die Bühne: miteinander spielen: Ruhe – Erwachen des Elements – Ekstase – Verebben –

3) unter einer Maler-Abdeckfolie spielen lassen (große Wirkung!)

4) mit Sätzen verbinden:
Feuer (zu Wind): Ich brauche dich!
Wind (zu Wasser): Ich brauche dich nicht!
Wasser (zu Feuer): Ich vernichte dich!

## B) Gruppenbewegungen

Vergleiche auch *„Freezings"* und *„Slow Motions"* Seite 92 f.

1) Gruppe setzt sich nah zusammen und erhält den Auftrag, von einer Seite der Bühne / des Raumes zur anderen zu gehen ...
(ein anderer Teil der Teilnehmer beobachtet!)

2) Gruppe setzt sich dicht zusammen, *Körperkontakt*! und erhält den gleichen Auftrag: aber ohne den Körperkontakt abreißen zu lassen! Achten auf gleiche Bewegung, keiner darf zu schnell sein! – Auch gemeinsamer Atem kann hier helfen. → gleich verdichtet sich die Szene!

3) Diese „Bewegung" kann noch erheblich intensiviert werden durch ein Requisit: z. B. alle mit *Schnüren, Seilen, Toilettenpapier* (!) oder *Stöcken* „verknotet", verwickelt etc. ...

4) *„Angst"* (in extremer Zeitlupe) – Körperkontakt – erhebt sich eine am Boden sitzende Gruppe und weicht unter starker Zunahme der *Mimik* (Augen auf!!) gemeinsam in den Bühnenhintergrund, bedroht von einem einzelnen Spieler, der sich „großmacht".

5) „Gegenreaktion“ der Gruppe, wenn sie von der „Gefahr“ in die äußerste Ecke gedrängt ist. Gemeinsamer Atem (von einer/m ausgehend!) wird lauter, an ihm richtet sich die Gruppe wieder auf und geht (in Zeitlupe) zur Gegenbewegung über ... (*immer Augenkontakt!!!*)

6) „Freude“ als Gruppenmittel (neben der choreographischen Umsetzung – Ausdruckstanz –) als „fließender“ Übergang – nur von der Mimik und einem „innerlich platzenden Körper“ unterstrichen ... bis zur „Ohnmacht“ – aller Gruppenmitglieder (einzeln über Außenbein abrollen) und in völliger Entspannung liegen bleiben.

7) „Nachtkulisse“ („Zauberwald“)
Jedes Gruppenmitglied erhält ein Wort (aus der gemeinsamen Szene?). Dieses Wort löst jedes Gruppenmitglied in seine Bestandteile auf: Konsonanten, Vokale = Töne! und kommuniziert damit mit den anderen Gruppenmitgliedern (feines Zuhören und Reagieren); im Verlauf des Klangteppichs könnte dann – laut und vernehmlich – jedes Wort einmal realistisch zu hören sein ... (*Augen konzentriert auf einen Punkt!*)

8) „Gemeinsames Aufstehen“: Vergleiche auch „Krabat“-Szene Seite 168 f.
z. B.: Die ganze Gruppe liegt – von Zeitungspapier völlig bedeckt – auf dem Boden. Eine Zaubermusik (Flöte?) bringt die Gruppe (je extrem langsamer desto intensiver!) zum Auftauen, Gestalten erheben sich (halten aber das Zeitungspapier schützend vor sich, so daß niemand zu erkennen ist, nur Zeitungs„raben“)

→ wichtig wegen des gemeinsamen Tempos, Konzentration auf Mitspieler (immer aus „räumlichem Auge" wahrnehmen!)
→ „Krabat"-Schlußbild – dem sich dann das Mädchen Kantorka gegenüberstellt, um ihren Krabat herauszufinden …

9) Gruppenbild aus „*Tableau*" entwickeln
(vgl. Seite 75 f. und Seite 128 f.)

Hinweis

■ Für all diese Gruppen-Vorschläge ist die Mimik äußerst wichtig! Lassen Sie ruhig auch einmal ein Mitglied, dessen Mimik besonders ausdrucksstark ist, von den anderen ansehen und nachahmen. Daneben ist die Körperspannung, die Konzentration auf das Zentrum von großer Wichtigkeit. Bei nicht zufriedenstellenden Ergebnissen hier wieder ansetzen!

Entworfenes Gruppenbild (Tableau) – auch über *Skulptur* (S. 40) möglich, kann dann (kaum merklich) „auftauen" und in eine ganz weiche fließende Bewegung übergehen, mit der man einen Körperzustand näher ausdrückt: „Verzaubertsein", „Wahnsinn", „Freude", „Glück", „Liebe" …

## C) Die Gruppe und der Einzelne

*Sinn:* Wirkung für das Publikum wieder zu verstärken und z. B. eine Mimik, einen Ausdruck „größer" zu machen oder ein Geschehen zu kommentieren.

1) Gruppe steht mit Gesicht zum Publikum:
a) Reaktion auf eine langsam vorbeigehende *Frau* (mit Kopf und Blicken folgen!)
b) Reaktion auf ein *Liebespaar* …
(nur mimisch-gestisch und im Chor!)

Wichtig ist in jedem Falle das gleichmäßige Timing (Üben!) und das gedehnte Tempo!

c) Reaktion älterer Menschen auf einen *vorbeiziehenden König* …
d) auf ein *vorbeifahrendes Schiff* an der Küste …

2) Bewegungen werden jeweils von dem etwas weiter vorne Stehenden oder Außenmann/frau veranlaßt – bei Vierteldrehungen übernimmt ein neuer Leiter den Chor … (vgl. S. 48 Nr. 4)

*Leerstellen* (Sprechpausen) mit Spannung halten: Bewegung stoppen – aber innere Bewegung halten! z. B. strenger Schritt geht über in Blick = Fortsetzung im Stehen / Zusehen / konzentrierten Hören!

# Technischer Rahmen

3

Die Technik soll hier nicht überbewertet werden. Aber zu Licht, Ton, zum Bühnenbild wie zu Kostüm und Maske ist schon einiges zu sagen. Zur Planung des weiteren gehören dann noch Tips, Adressen und Hilfen. Ein kurzer Teil, wir sind ja keine „Profis“.

# Technischer Rahmen

## Bühnenbild – Kostüme – Beleuchtung – Ton – Masken

Noch ein kleines Wort zum technischen Rahmen: Oftmals überwiegt ja gerade im Schul-, Vereins- und Amateurtheater ein großer technischer Aufwand (der nicht unbedingt nötig wäre!). Das geht vom lieb ausgemalten über mehrere Stockwerke reichenden Bühnenbild bis hin zu den artig selbst genähten Kostümen ... Haben Sie auch hier Mut, das Wesentliche zu zeigen und es nicht „zuzudecken". Das geht manchmal auch ohne den teuren, arbeitsintensiven Aufwand. Haben auch wir Mut zu einem „armen" Theater! –

Schlichte, zweckmäßige *Kostüme* sollen es sein – zeitlos – mit wenigen Anspielungen (Änderungen!) an Farben und Schnitt. Tücher können viel helfen und beflügeln außerdem die Kreativität der Mitspieler/innen. Lassen Sie sich vom Flohmarkt, vom Trödler usw. helfen. Manche Mütter haben großartige Depots auf dem Speicher, im Keller. Es lohnt sich zu fragen. Notfalls hilft auch das nächste Stadttheater oder der Kostümverleih (Geld!)

Schlichte, stimmige *Bühnenentwürfe* auch, die *aus dem Stück, dem Spiel* heraus entstehen, das Stück, die Proben beflügeln und damit das Stück auch lebendig „abbilden" (und vielleicht sogar den Produktionsprozeß sichtbar machen!).

*Beispiele:* Bringen Sie Ihrer Gruppe einmal „Material“ zum Spielen mit! Lassen Sie sich selbst zum Stück (Hintergrund) ansprechen!

1) Erzählen Sie die Geschichte, eine verwandte Geschichte, eine Parallelhandlung und lassen Sie dabei die Spieler/innen mit den Materialien spielen:

2) unzählige *Stöcke* verschiedener Größe gehören in die Grundausstattung jeder Gruppe. Lassen Sie damit spielen, ausprobieren, sie in den Raum stellen, legen, sie zu Gruppen vereinigen ... Was entsteht?

3) Oder probieren Sie die Bühnenwirksamkeit von *Schnüren / Seilen / Tauen* aus! Hat das Stück etwas mit Beengung, Knechtschaft, Sklaverei, Abhängigkeit, Gefangensein zu tun, schon entsteht beim Sprechen des Textes, beim Spielen der Szenen, aus dem Material heraus ein Bühnenbild, z. B. ein riesiges Spinnennetz!

4) Lassen Sie einmal Ihre Gruppe sich mit *50 Rollen Toilettenpapie*r (oder mehr?!) einwickeln – auf engstem Raum – zum riesigen Ungetüm verwandelt – ohne Sprache! Die Szene wird geisterhaft; es entsteht Ihnen ein irres Bild, das irgendwann aufreißt und sich schreiend entfernt. Zurück bleibt ein eigenartiger „Zellstoff“, der Bodenbelag Ihres neuen Bühnenbildes???

5) Oder wie wär's mit einer Auswahl von *„Klebebändern“*? Sie eignen sich nicht nur zur Kostümierung (mit einem harschen Reißgeräusch!), sondern auch zum Herstellen riesiger Papierflächen (aus Makulatur), die schweben, knisternd sinken, als riesige „Urtiere“ mit vielen Menschen drin erscheinen können. Darüberhinaus entwirft sich aus im Raum ver-

spannten Klebebändern ein vielfältig einsetzbares „Bild“.

6) Probieren Sie's mit *Tüchern*, mit unzähligen alten Lappen, Lumpen, Damenstrumpfhosen, alten Klamotten. Improvisieren Sie, und lassen Sie ihrer Phantasie freien Lauf!

7) Lassen Sie die Spieler/innen beim Spiel – Sprechen – Improvisieren sich verkleiden und mit den Materialien arbeiten, und schon entstehen Ideen für den technischen Rahmen Ihres Stückes …

### *Beleuchtung*

Beleuchtung schafft Zauber, bildet Raum, vergrößert, verkleinert, hebt hervor, verdeutlicht, läßt Bühne oft erst entstehen im Kontrast zum abgedunkelten Zuschauerraum.

Kaufen oder leihen?

Scheinwerfer, die sich jede Gruppe mit der Zeit anschaffen wird, kosten Geld – auch ein kleines Mischpult zum Erzeugen verschiedener Lichtstimmungen ist nicht billig. Aber vielleicht kann man sich zunächst bei einem Verleih in Ihrer Nähe aushelfen lassen, oder oft helfen hier auch einmal Techniker der Theater oder andere Amateur- oder Schultheater in der Nähe aus. Wenn Sie einen eigenen Fachmann gewinnen können, ist das besonders schön. Er wird sich beizeiten um den technischen Rahmen kümmern können und Ihnen mit Sach- und Kunstverstand (mit dem gewissen „Händchen“) die herrlichsten Bilder zaubern!

### *Ton*

Der Ton als eigenständiger Bestandteil einer Inszenierung ist wesentliches Element des Theaters. Auch er schafft Raum, Tiefe, Atmosphäre, und über die Sprache hinaus ist er wesentliches Element der Phantasie. Das kann eine „Flöte" sein, ein „Grillenzirpen", ein „Harfenton", der durch den Raum schwebt: im audiovisuellen Medium Theater ist er nicht wegzudenken und damit auch in verantwortungsvolle Hände zu geben. Er kann ein Stück Zauber schaffen, wenn man ihn „nicht hört", er kann ein Stück zerstören, wenn er „zu aufdringlich" wird.

Musiktitel unterliegen einer GEMA-Schutzgebühr: Erkundigen Sie sich bitte bei Ihrem nächstliegenden Theater oder beim **Bund Deutscher Amateurtheate**r, Steinheimer Straße 7/1, 7920 Heidenheim, Tel.: 0 73 21/4 83 00.

Nicht vergessen: Die GEMA

Für das Einblenden von Geräuschen gibt es „Geräusch-Schallplatten" im Fachhandel oder für die Mitgliedsbühnen (kleiner Jahresbeitrag) des Bundes Deutscher Amateurtheater (BDAT) einen Tonstudioservice beim **Theater „Die Käuze" e.V.**, Technische Leitung, Königsberger Str. 9, 7500 Karlsruhe, Tel.: 07 21/68 42 07.

Hintergrund-Geräusche

### *Masken*

Auch die „geschminkten Masken" sind wesentlicher Bestandteil des Theaters. Wer Maskenbildner/innen bei Ihrer Arbeit beobachtet und ihren entscheidenden Anteil an der „Verwandlung" des Menschen zur Rolle erlebt (wie wenn sie aus dem Gesicht einen Typen herausschöpfen, ihm Kontur und Ausstrahlung geben), der weiß, wie wichtig sie für „das

Die Verwandlung des Menschen

letzte Werden der Rolle“ sind. Die Grundlagen der Bühnenschminkkunst sind auf „Schminkkursen“ zu erlernen, wie sie mittlerweile von vielen Maskenbildnern der Theater im Rahmen von „Schultheaterwerkstätten“ angeboten werden oder im Rahmen des Fortbildungsprogramms des Bundes Deutscher Amateurtheater oder der Landesverbände für das Amateurtheater. Erkundigen Sie sich dort oder bei der **Theater- und Spielberatung Baden-Württemberg e.V.**, Postfach 10 55 80, Rohrbacher Str. 50, 6900 Heidelberg, Tel.: 0 62 21/2 78 57.

### *Herstellung von Masken*

Weil es für jede Gruppe ein besonderes Erlebnis darstellt, soll hier auch noch kurz auf die Herstellung von Spielmasken eingegangen werden. Und wenn Sie sich hierfür einmal ein Wochenende (2 Tage) vornehmen können, dann entstehen sogar kleine Kunstwerke.

*Beispiel*

*Herstellung eines Gipsabgusses*

■ Herstellen von Ausdrucksmasken

a) Einweg-Bademütze oder Plastiktüte (enganliegend an der Stirne!) für den Übergang von der Stirne zum Kopf / über den Haaransatz

b) große Gips-Binden (Apotheke oder Krankenhaus) in fast quadratische Streifen schneiden, für die Nasenpartie kleine Streifen, Kleenex für Augenwimpern

c) Gesicht kräftig mit Vaseline eincremen und mit einem kräftigen *Steg* (2–3 Lagen Gipsbinden etwa 30 cm lang) von Ohr zu Ohr über den Kopf ziehen und wulstig formen.

Vom Steg über das Gesicht gleichmäßig die Bindenstücke (kurz in eine Wasserschüssel getaucht) auftragen und leicht „glattreiben“. Das ganze Gesicht bis zum Ohr etwa in 4 Lagen. Vorsicht bei den Nasenlöchern (freihalten!)
Bis einschließlich Kinn!

d) Ein Fön beschleunigt den Trocknungsprozeß. (Vorsicht! Nicht zu heiß einstellen!)

e) Mit Holzstäbchen (Streichholz) Ränder von der Gesichtshaut leicht abheben.

f) Gesichtsakrobatik beim „Abziehen“ der Maske machen

g) Ränder begradigen – Nasenlöcher mit weiteren Gipsbändern verschließen, Kinn verschließen (damit ausgießbar – gleiche Wasserhöhe)

h) den Rohling in ein Kissen oder in Sand einbetten, nochmals innen ausfetten und dann mit einem frisch angerührten Stukkateur-Gips (etwas Salz zugeben!) – noch gut flüssig wie Pfannkuchenteig – ausgießen! – etwa (je nach Wärme) 1–2 Stunden Trocknungszeit.

*Modellieren*

Der Positiv-Abguß des Kopfes wird nun mit *Knetmasse* (Bastelgeschäft) bearbeitet / modelliert: Augenknochen / Wülste hervorheben, Backenknochen verstärken, Riesenfalten der Stirne, Hervorhebung der Stirnpartie, Warzen, Riesennase usw. – hierfür sollte man sich viel Zeit nehmen. Der Ausdruck entsteht unter den Händen ...
Wenn mit Knetmasse ein ausdrucksstarkes Gesicht (Harlekino, Pantalone, Hexe o.ä. entstanden ist, wird auch dieser Rohling mit Vaseline eingeschmiert.

Eine *Steifgazebinde* (Apotheke; etwa 5,50 DM) in 10 cm lange Streifen schneiden, kurz in Wasser tauchen (warten bis weich) und in 3–4 Lagen auf den Abguß auftragen. – Über Nacht trocknen lassen, vom Rohling lösen, Knetreste herauskratzen, Augen / Mund (wenn nicht durch Halbmasken der Commedia dell'arte ohnehin ausgelassen) ausschneiden. Mit Acryl-Spachtel (Baumarkt) leicht einreiben (Poren verschwinden), trocknen lassen, feinschmirgeln – anmalen und lackieren.

Sie halten eine leichte, stabile und flexible Maske in Ihren Händen – ein Riesenspaß für Ihre ganze Gruppe!

## Rahmenplanung: Tips – Adressen – Hilfen

Da die letzten Wochen vor der Aufführung dem Spielleiter im Amateur- und Schultheater höchste Konzentration, Präsenz und Aufmerksamkeit abverlangen, ist es sinnvoll, alle möglichen Arbeiten zu planen und zu koordinieren (und damit rechtzeitig anzupacken!). Anders sind die vielfältigen und vielschichtigen Aufgaben: Proben, Programmheft, Einladungen, Organisation des Spielrahmens etc. nicht zu bewältigen. Der hier nun abgedruckte Rahmenplan hat sich über Jahre als sinnvoll erwiesen. Er kann leicht von der Schul- auf die Amateurbühne übertragen werden.

***1) Schauspiel-Hilfen***
Improvisationsübungen, Lockerung, Ausdruck, Wahrnehmung, Sensibilisierung, Körper, Atem, Stimme …
*parallel dazu:* Stückauswahl / Stoff / Geschichte
Berücksichtigung von Autoren des Lektürekanons, Vorstellungen der Mitspieler/innen, Kurzreferate zu Stücken / Autoren, kritisches Prüfen auf die Zielgruppe(n) hin, Aktualität

**etwa 8–12 Wochen**

**bei Neuaufbau auch 12–16 Wochen**

***2) Intensivierung der Improvisationsübungen***
Kleine Rollenspiele / Szenen mit und ohne Text, Erfahrung von Bewegung und Raum, Vertrauensübungen usw. siehe Teil I.
*Vorteil:* über diese Übungen lassen sich im Hinblick auf unseren Stoff / Stück „Typen" erkennen, „Rollen" zeichnen sich ab …

***3) Erweiterung der Interaktionsübungen***
*parallel hierzu: z. B.*
Besuch eines Theaters (Führung?)
Einladung eines Schauspielers / Dramaturgen / Theaterpädagogen (örtliches oder regionales Kinder- und Jugendtheater anrufen!)

***4) Auswahl des Stückes***
Beschaffung von Spieltexten (Stücken), *Hilfe durch:*
**Theater- und Spielberatung Baden-Württemberg e.V.,** Postfach 10 55 80 • Rohrbacher Str. 50, 6900 Heidelberg • Tel.: 0 62 21/2 78 57
verfügt über ein Archiv von 6.000 Stücken (vom Kleinkindalter bis zur anspruchsvollen Gruppe): Auswahlsendung anfordern!
Bietet Fortbildungskurse an
Probenbesuche bei Gruppen / Vermittlung von Referenten / Workshops (breites Angebot!)

**etwa**
**8–12 Wochen**

**bei Neuaufbau**
**auch**
**12–16 Wochen**

umfangreiche theaterpraktische Literatursammlung (Präsenzbibliothek)
Hilfen in Fragen des Bühnenbaus, Scheinwerfer, Schminkartikel etc.
eigene Veröffentlichungen

☐ Weitere Hilfe bei der Beschaffung von Stücken (*Stück-, Aufführungsrechte, Auskunft über Verlage*) gibt *Zentralstelle* für Bühnenrechte in Berlin (Auskunft über jedes Stück!), Tel.: 0 30 - 31 76 76

☐ Rechtsvertreter vieler „Groß"-Verlage gegenüber Amateur- und Schultheatergruppen ist der **Deutsche Theaterverlag Weinheim**, Postfach 10 02 61, 6940 Weinheim. Tel.: 0 62 01/5 10 61
Er verfügt auch über ein großes eigenes Stücke-Angebot für die Kinder-, Schul-, Amateurbühne; *Auswahlsendungen*!

☐ Weitere Theaterverlage bitte unter 4) erfragen!

☐ Vielfältige Mithilfe (in Theorie und Praxis) ist in Baden-Württemberg ebenso möglich über die *„Theaterlehrer"* (Multiplikatoren für das Schultheater). Anfragen bitte über die Referenten der Oberschulämter!

☐ oder über **Landesinstitut für Erziehung und Unterricht**, Rotebühlstr. 133 • 7000 Stuttgart 10

☐ Die anderen Bundesländer haben vergleichbare Einrichtungen

***5)*** Bei einem ersten Stück muß die Spielfreude der Teilnehmer besonders im Vordergrund stehen (fügt eine Gruppe / Ensemble zusammen); ein lustiges Stück (Kinderstück – Komödie – Volksstück) mit einfacher Zeichnung der Figuren (Typen / Karikaturen) ist dankbar!

***6) Annäherung an das Stück***
(über die Möglichkeiten: Körper / Requisit / Text / Bild / Improvisation ... vgl. Teil 1 und 2)
Es ist sinnvoll, hierauf besonders zu achten. Die spätere „Text"-Arbeit geht viel schneller über die Bühne, wenn die Vorarbeiten „stimmten".

**weitere**
**6–8 Wochen**

***7) Das Stück „erspielen"***
Rollenvorschläge von den Teilnehmer/innen machen lassen (manchmal ist man gar nicht so weit auseinander!)

***8) Auswege für weniger berücksichtigte Mitspieler/innen suchen***
☐ Gruppenregie / Regie-Assistenz
☐ Requisite
☐ Technik: Ton / Licht / Bühne / Maske / Musik ...

*Beispiel:* Für die Besetzung des Liebespaares boten sich mehr Alternativen an. Einem Pärchen mußte wehgetan werden. Da aber ergab sich die Möglichkeit, dadurch daß wir auch gerne den Produktionsprozeß sichtbar machen, d.h. unseren Weg zum Stück aufzeigen (in diesem Falle zur politischen Aktualität des Stoffes), anhand einer *Pantomime*, die das Stück verdichtet erzählt, die beiden nicht berücksichtigten Spieler in ähnlich exponierter Weise sich einbringen zu lassen. Die Stärke gerade dieser beiden Spieler für die Gruppe war auf dem Weg zum Stück wichtig gewesen; sie wurden damit auch szenisch zu „Vorkämpfern" und ihre Rollenzeichnung „Leitmotiv" für die anderen. Verstärkt wurde das noch dadurch, daß ihnen auch der Schlußsatz des Stückes zukam, so daß sie wie eine Art „Klammer" das Stück zusammenhielten.

**etwa 3 Monate vor Beginn**

***9) Besetzung***

(90 % der Regie! erleichtert Umsetzung ...) ergibt sich großenteils aus der Improvisationsphase

***10) Einbeziehung in die Schuljahr- oder Vereins-Planung***

Schüleraustausche, Studienfahrten, Landheime, sonstige Termine

☐ Terminabsprache mit Schulleitung / Vereinsleitung

☐ Gespräche mit *Kollegen:* Kunst (Bühnenbild / Plakat / Progamm ...)
Musik (evtl. Einlagen ...)
Technik / Handarbeit: Kostüme
Literatur: Beiträge zum Programmheft (über Autor / Stück / Begleitliteratur)

***11) Probenplan erstellen (mit Aufführungstermin!)***

(um der Schule, den Spieler/innen und sich selbst die Arbeit zu erleichtern)

a) *Szene für Szene* (Problem: für manche „Dauerproben", für andere lange keine Proben – nicht gut für das Ensemble!
*daher:* ergänzende Gruppen- und Einzelproben immer mit Interaktionstraining verbunden!

b) *Proben nach Personen-Konstellationen*
(über Schlüsselszene testen, ob möglich – evtl. Umbesetzung)

■ *Terminplan für das Text-Lernen ausgeben!*
Ab 4 Wochen vor Aufführung nur noch mit Souffleuse!

c) *Vor den eigentlichen Text-Proben*

„Einstreichen“ des Stückes
Schülergerechtes „Kürzen“ – Spieldauer nicht über 1.30 – 2.00 Stunden!!

☐ bei Szenen-Proben „Strich“ über die „*Wendepunkte*“ (Aktionspunkte) – wenn etwas Neues geschieht …
☐ „Stellen“ der Szene (vgl. S. 71 f.) nach diesem Strich (Minimalfassung)
☐ anschließend „auffüllen“
☐ sinnzusammenhängend „streichen“ – Viel Gesprochenes ist über die schauspielerischen Mittel ausdrückbar!

**etwa 3–4 Monate vor Aufführung**

■ Haben Sie Mut, auch einmal „jugendgerecht“ zu streichen, einen Klassiker „gegen den Strich zu bürsten“ … (Es ist das Recht des Klassikers, „bearbeitet“ zu werden, d.h. auch, ihn in unserer Zeit zu verstehen! Das Spiel soll im Vordergrund stehen, und über das Spiel soll sich die Auseinandersetzung mit ihm vertiefen (Gespräche bis tief in die Nacht!).

**6–8 Wochen vor Aufführung**

d) *Überprüfen möglicher Probenzeiträume*

Nutzen schulfreier Samstage (mit gemeinsamem Frühstück auf der Bühne?!)
*Intensivwoche* (evtl. vor oder nach Ferien oder in Verbindung mit einem Feiertag)

(etwa 6 Wochen vor der Premiere):
☐ intensive Auseinandersetzung mit dem Stück!
☐ intensive Probenarbeit (2–3 mal täglich)
☐ abendlicher Ausklang mit Improvisationen (sensibilisiert und prägt die Gemeinschaft!)
☐ Spieler, die weniger gefordert sind, kümmern sich um technischen Rahmen: Bühnenbild / Kostüme etc.
☐ letzte Probe sollte erster „Stückdurchlauf" sein

***12) Sechs bis acht Wochen vor Aufführung!***
☐ Technik: Bildung von Fachgruppen
(möglichst früh!)
☐ Intensivierung des *Bühnenbildes*, von Plakat, Werbung
☐ *Kostümplan* erstellen
(Rolle für Rolle / Szene für Szene)
(Aushang / Ausleihe bei Theatern / Anfertigung durch Lehrer / Mütter)
☐ *Tonplan* erstellen
(Spulentonband: Geräusche / Musik ...)
☐ *Maskenplan* erstellen

☐ *Bestellung notwendiger Schminkartikel:*
bei Fa. Kryolan GmbH, Papierstr. 10, 1000 Berlin 51, Tel.: 0 30 - 4 91 12 49 (rechtzeitig!!!)
oder Fa. Fischbach und Miller, 7958 Laupheim, Tel.: 0 73 92/20 23

**6–8 Wochen vor Aufführung**

Evtl. Maskenbildner ansprechen und zu Proben einladen! Fachliteratur auch über Theater- und Spielberatung.

☐ *Beleuchtungsplan* erstellen

Evtl. Scheinwerfer ausleihen: z.B. Theater fragen, private Verleiher – Mischpult / Bedienung erklären lassen.

☐ *Requisitenplan festlegen*

Nach Szenen geordnet! Requisiteur – evtl. zwei – muß sehr zuverlässig sein! – Abklären, was selbst oder mit Hilfe anderer (Hausmeister? Eltern? Theater?) beschafft werden kann.

☐ *Programm-Herstellung*

Programm-Redaktion zusammenstellen:
Proben-Fotos
Besetzungszettel
Beiträge über die Produktion, das Stück, den Autor
Aussagen der Spieler zu ihren Rollen
Kernaussagen zum Stück
Entwurf des Deckblattes
Verhandlung mit einer Druckerei
Anzeigenwerbung oder Finanzierung über Eltern / Einnahmen?

☐ *Plakat-Entwurf*

Evt. über einen Wettbewerb (in der Schule)
Kunst-, Druck-AG …
Herstellung von Vervielfältigungen (Kosten?)

Achtung! Für das Plakat müssen bekannt sein:
Aufführungstermine / Eintrittspreise / Aufführungsort / Kartenverkauf / Öffnungsbeginn / Abendkasse

**14 Tage vor Aufführung**

***13) Abschlußarbeiten***
(2 Wochen vor der Premiere)

☐ Brief an Theater-AG-Eltern (Dank und Einladung)
☐ Verständnis bei Kollegen erbitten (Klausuren / Klassenarbeiten)!

■ Bitte möglichst keinen Unterricht ausfallen lassen; auch auf Schüler einwirken! Wir brauchen das ganze Verständnis der Kollegen/innen für die Zeit der Aufführungstermine selbst!

☐ Plakatierung / Werbung durch die Spieler/innen vornehmen lassen (Geschäfte / andere Schulen usw.)
☐ Kartenvorverkauf organisieren / Programmverkauf (mindestens 50 Karten für die Abendkasse reservieren!)
☐ Einladungsschreiben an – alle Eltern, – frühere AG-Mitglieder, – frühere Kollegen, – an Jugendtheater oder Theater in der Nähe
☐ Pressenotiz
☐ Lokaler /regionaler Rundfunk
☐ Stückbezogene Einladungen (Autor betreffend, Problemgruppe betreffend)
☐ Schulinterne Werbung über SMV, Klassenlehrer (z. B. Kurzszene vorspielen)
☐ Kleines Geschenk für Mitwirkende besorgen (lassen) z. B. Blumen, Buch etc. …
☐ Organisation der Premierenfeier (Ausschank / Gebäck etc.)
☐ Pausenausschank (evtl. über SMV oder andere Kollegen)
☐ Abendkasse und Programm-Verkauf (Liste freiwilliger Helfer zum Eintragen aushängen!)

☐ Persönliches Dankeschön des Regisseurs und „Toitoitoi" an seine Mitspieler/innen (z. B. Marzipan-Schweinchen)
☐ Helfer für Umbauten organisieren (Umbau-Plan)
☐ Fotografen bitten, zweite Hauptprobe zu fotografieren
☐ Video-Aufnahme der Generalprobe (als „Andenken")
☐ *Eintrittskarten besorgen* (je Vorstellung)!!

***14) Abschlußproben***

durch Konzentrations-Übungen „fit"-machen, „heiß"-machen – Spannung aufbauen – Ernst vermitteln, jedes „Rollen-Aussteigen" und Fehler korrigieren

**7 Tage vor Aufführung**

☐ immer wieder Interaktionstraining
☐ Lockerungs-Übungen (Verkrampftheit lösen)
☐ Korrektur von Fehlbetonungen und unklarer Aussprache
☐ Gespräche mit „Problemfällen"
☐ mit Requisiten spielen!
☐ bei Schwierigkeiten unterbrechen – Verlagern in andere Ebene (z. B. Krankenhaus ...) – Spielen ohne Text, in Zeitraffer, übertreiben: weinend / lachend ...
☐ Souffleuse muß äußerst zuverlässig sein!
☐ wegen der *Lautstärke gegen Ende Proben von den hinteren Zuschauerreihen* aus leiten. (Spieler/innen sprechen wie von selbst lauter!)
☐ die letzten *6 Proben* (möglichst täglich!) nur noch *Durchlaufproben* (mit Korrektur!)

**7 Tage vor Aufführung**

■ Nicht verzagen! Gerade Amateure und Schüler steigern sich in den letzten Tagen nochmals enorm!

☐ die *viertletzte Probe:*
*Schnellsprechprobe* (Temposteigerung und Textsicherheit!)
☐ 1. Hauptprobe (mit Kostüm / Requisiten / Licht / Ton / Umbauten)
☐ 2. Hauptprobe (mit Kostüm / Requisiten / Licht / Ton / Umbauten)
(*Applaus-Ordnung vorbereiten!*) – aushängen!

☐ *Generalprobe:*
(ohne Korrektur, nur noch Abschlußbesprechung) vorher: Tempo ansprechen, Freude, Konzentration

*Maske:* deshalb 2 Std. vor Beginn einfinden!
(mit Schulleitung abklären, ob Spieler/innen an den Tagen nach der Aufführung jeweils 1–2 Stunden Unterrichtsbefreiung erhalten!)

### *15) Aufführung*

Rechtzeitig einfinden
Beruhigung
Schlückchen Sekt? (Rituale!)
Entspannungsübungen / Konzentrationsübungen
1 Kollegen für Ernstfall (Vergessen) mit Auto bereithalten!
Abendkasse / Programmverkauf
Pausenausschank / Premierenfeier
Aufräumen vorher (!) abklären!

Organisation des folgenden Tages
(Zuschauerraum / Bühne)
☐ unmittelbar vor Beginn nochmals kurze Abschluß-Besprechung:
auf gegenseitige Freude ansprechen, auf das Sich-Zuhören, Sich-Ansehen, das Miteinander-Spielen, Tempo machen …
☐ ausmachen, wer Saallicht löscht, wer von wo das Zeichen zum Beginn gibt …
☐ wer die Pause ansagt …

Hinweis

■ Jedes Publikum ist anders! Nicht auf Reaktionen warten! Munter weiterspielen, auch wenn mal nicht gelacht wird … Spieler aufrichten, wenn eine Passage mal mißlang! An kommende Szenen erinnern! Aufmuntern! Spaß machen! Immer konzentriert sein auf den nächsten Auftritt!

☐ Schon während der Proben auf *„Ruhe"* hinter der Bühne achten.
☐ *Inspizient* (hinter der Bühne) auf Auftritte achten lassen!
☐ Abschlußbesprechung nach jeder Aufführung

### *16) Nachbereitung*

Nach Abschluß aller Aufführungen:

☐ Aufräumungsarbeiten (Bühne / Kulissen)
☐ Kostüme „einmotten"
☐ Dankbrief an alle Beteiligten
☐ Abschlußfest: evtl. als Gastspiel, gemeinsames Essen, Besuch einer Vorstellung, Betrachten des Videos, o. a.

**Oberstes Gesetz**

Bedingungsloser Glaube ...

an sich selbst ...
an jeden Spieler ...
an die gemeinsame Sache ...

# Beispiele für Probenabläufe

**4**

**Wie laufen denn die Proben nun wirklich ab? – Dreifach wird hier ein solcher Ablauf im Beispiel erläutert, zu erst für jüngere Jungen und für Mädchen. Dann für die mittlere Altersstufe und zum Schluß für die Jugendlichen. Es folgt eine Zusammenfassung.**

# Beispiele für Probenabläufe

UNTERSTUFE

Bevor es nun also ans Werk geht, hier nochmals – zusammenfassend – und als praktischer Einstieg ein paar Beispiele für den Anfang. Um möglichst viele Zielgruppen anzusprechen, versuche ich, mit jeweils einem Beispiel für die Unterstufe / Grundschule, für die Mittelstufe / Sekundarstufe I und für die Oberstufe / Sekundarstufe II einen Probenablauf zu skizzieren. Dabei soll jeweils von einem praktischen Beispiel / Stoff / Stück ausgegangen werden, von dem ich eine Szene in den Mittelpunkt stellen möchte. Als Zeitrahmen stelle ich mir 120 min. vor.

Jede unserer Proben umfaßt grundsätzlich:
Aufwärmen
Sensibilisieren (Raum / Ausdruck / Körper ...)
Improvisation (Annäherung)
Konkretisierung (Spiel)
Entspannung

## Probenbeispiel A

*Johann Peter Hebel* (Kalendergeschichte / Lesebuchgeschichte)
„Das wohlfeile Mittagessen" oder
„Der Barbierjunge von Segringen" o. ä. ...

### *1) Aufwärmphase*

a) „Autowaschanlage" oder
„Katz und Maus" oder
„Variationen" vgl. Seite 10 – 13

oder – da wir es mit Essen zu Tun haben (= Übertragung in eigene Erfahrungswelt)

b) *Zeitlupen-Wettlauf* (nach einer Schachtel Kekse)
Die Gruppe geht so weit auseinander, wie es von einem gemeinsamen Zentrum aus geht. In die Mitte des Kreises wird eine Schachtel Kekse o. ä. gestellt. Auf einen gemeinsamen Startschuß läuft jeder Teilnehmer in *extremer Zeitlupe* für sich auf die Schachtel zu. (Vorstellung: je näher ich der Schachtel komme, desto mehr halten mich imaginäre Gummibänder zurück, schließlich muß ich lechzend auf den Boden, dann kriechen, um mit letzter Kraft die Schachtel zu erreichen ...) *Mimik* und *Gestik* ganz großmachen!

***2) Sensibilisierung*** (Interaktion)

a) Gehen durch den Raum (bewußtes Wahrnehmen, Tempi variieren)
*Vorstellung* (beim Gehen):
☐ *Was esse ich am liebsten?* (nicht sagen, nur mit Mimik / Augen ausmalen!)
☐ Wie ‚sprechen' meine Augen, meine Blicke, mein Mund, meine Hände, wenn ich an ... (meine Lieblingsspeise) denke?
☐ In Gruppen spielen / beobachten / sprechen lassen ...

b) Einzeln (beim Gehen / für sich im Raum stehend / sitzend) – in Gruppen – im Ensemble:
*Produzieren von Eß-Geräuschen*
übertragen in „Nobel-Restaurant" und in einfache „Kneipe"

c) *Wir spielen und besetzen:* (lauter Kleingruppen)
☐ Gäste beim Essen
☐ Familie beim Essen
☐ Lehrerausflug beim Essen
☐ artige Kinder beim Essen
☐ wilde Kinder beim Essen
☐ *Angeber* beim Essen:
(auf Mimik, Gesicht, Hände (!) achten)
Ruf nach dem Kellner – Bezahlen – Aufstehen und Gehen

***3) Konkretisierung***

(Sitzen im Kreis): Suchen nach Einfällen (vielseitig!) *Thema:* Wie würde ich es anstellen, wenn ich mit meinem ganzen Geld (30 Pfennig!) fein essen gehen wollte?

***4) Lesen der Geschichte*** (vgl. Seite 125 f.)

in „Wechsel-Zeilen" und Rollen-Gestaltung durch „Typ" und „Gegentyp".
Dabei möglichst viele Gestalten entstehen lassen (!), z. B. Wirt / pfiffiger Gast / „Gegenwirt" herauskristallisieren

***5) Szene stellen*** (Konkretisierung 2)

a) Viele Menschen / Leute beim Essen und Trinken (unterschiedl. Gestalten und Charaktere wie oben)
b) Szene auf „Schlag" ‚einfrieren'! (Lebendes Bild in absoluter Stille – wie wenn ein Film stehenbleibt!) – In den Gesichtern erkennt man die Charaktere / Typen: einer reißt gerade noch gierig den Mund auf, um den Brocken hineinzuschieben usw. usw. …

c) In Kleingruppen gegenseitig die Tische studieren lassen (wie *Tableaus* verändern!)
d) „Türe auf!“ – Herein kommt unser pfiffiger Gast ohne Geld – freier Tisch!
e) Trainieren auf „Wechselspiel“: Wenn Gast / Wirt spielen, Einfrieren an anderen Tischen …
wenn Essen aufgefahren wird, Blicke der anderen Tisch-Gruppen, Augen /Mimik …
f) Bei Pointe: Zeitlupen-Einfrieren der Hauptpersonen, platzendes Lachen der übrigen Gäste …

***6) Entspannung***
(vgl. *Entspannungs-Übungen* Seite 57 ff.)

*Oder:* – Alle sitzen in einem Kreis: Gesicht nach außen, Rücken nach innen, Schulterberührung …
– Augen schließen, und ganz langsam – ohne Schulterberührung zu verlieren – mit geschlossenen Augen aufstehen …
– ganz langsam Gesicht in das Kreisinnere drehen …
– Augen auf Impuls gemeinsam öffnen und gemeinsamer *„Abschlußschrei“* …

Hinweis

■ Über das Requisit *„Keks“* oder *„Schokolade“* o.ä. ließe sich das Spiel noch erheblich steigern, wenn wir uns z. B. vorstellten, daß es hier um die herrlichste Speise der Welt ginge, daß wir sie in „winzigen Häppchen“ mit „ganz winziger Gestik“ – ganz „klein“ machen … aber mit großer Mimik essen würden …

## Probenbeispiel B

MITTELSTUFE

*Otfried Preußler:* ***„Krabat"***
(Szene: Schluß – „Die Probe")
*Kurzinhalt:* Kantorka, die Geliebte Krabats, soll mit verbundenen Augen, ohne ihn zu berühren (!), aus den 12 Müllersburschen ihren Krabat herausfinden, sonst sind beide des Todes ...

### *1) Aufwärmphase*

a) Befreiungstanz: Gruppe im Kreis – rhythmische Musik – einer tanzt in den Kreis, Gruppe tanzt ihn nach, Solotänzer tanzt vor einem Kreistänzer zieht ihn / sie in den Kreis hinein, Veränderung der Bewegungen usw...

b) Das Stück hat mit Gefangenschaft zu tun und Befreiung!
Also bietet sich als Aufwärmspiel auch die *Katz und Maus* – Variation „Alles erlaubt" an – auch zu argumentieren! (vgl. Seite 10)

### *2) Sensibilisierung*

a) Vertrauen: 2er-Paare bilden, sich „blind" durch den Raum führen (vgl. Seite 22 Nr. 1)

b) Gruppe geht durch den Raum (konzentriert – bewußt – nicht schnell)
☐ Alle Teilnehmer/innen bewußt wahrnehmen: sehen / fühlen: Haare, Gesicht, Hände! (Tempo dabei verlangsamen bis zur Zeitlupe)
☐ Alle werden blind (Augen schließen / oder Schal umbinden!)

*Aufgabe:* sich einen *Partner/in vorstellen* und sie / ihn blind durch „Befühlen" herausfinden. (Durch Namen flüstern vergewissern!) Auch nach Erfolgserlebnis weiterspielen und neue/n Partner/in sich vorstellen!

■ Die Teilnehmer/innen werden darauf aufmerksam gemacht, daß sie nun ihre Hände gebrauchen durften, um herauszufinden, wer der / die Partner/in war … Kantorka darf aber ihre Hände nicht benutzen, um Krabat herauszufinden … Sie darf sich nur auf ihr Herz verlassen …

Hinweis

Wir übertragen nun die Situation der Geschichte ohne Umwege (Subtext – vgl. Situation aus Schule / Familie / Freundeskreis) direkt auf unsere Erfahrungswelt „Wir auf der Bühne".

***3) Konkretisierung*** (Improvisation)

a) Der Spielleiter gibt Lose aus (Zettel vorbereiten!) auf denen die Namen der Müllersburschen stehen. Einer ist Krabat! (Oder die vorher ausgemachten 12 Müllersburschen machen ihren Krabat unter sich aus!) – zumindest dürfen Zuschauer: Spielleiter und Kantorka auf keinen Fall wissen, wer Krabat spielt! *Damit übertragen wir die Sagen-Situation auf unsere eigene! Kantorkas Proben-Situation wird dadurch zu einer ähnlich schwierigen!*

b) Wir machen nun nicht Kantorka „blind" (Schal), sondern die 12 Müllersburschen für sich selbst und uns, die Zuschauer, „unkenntlich" → Übertragung der „Probe" auch auf die Zuschauer!!

Alle Müllersburschen legen sich auf den Boden (Szenen-Eröffnung) und decken sich mit einem riesigen Berg Zeitungen zu.

### *4) Spielprobe*

(Improvisations-Umsetzung-Übertragung)

Kantorka erscheint (Musik?) – in Zeitlupe erheben sich die 12 Burschen (indem sie sich völlig – mit beiden Händen viele Zeitungen ergreifen – „bedecken" – Raben – – Stehen – –)
Kantorka geht die Reihen 3 x auf und ab (evtl. durch Stock-Aufklopfen des Müllermeisters forciert). Durch Intuition findet sie ihren Krabat heraus !
(Einzig gesprochenes Wort: „Der da ist Krabat!")

Hinweis

■ Die Übertragung der Stück-Situation auf die eigene Spielsituation (Gedeih und Verderb!) macht die Szene unglaublich spannend! Die eigene Sensibilität ist um ein vielfaches geschärft. Der eigene Stück-Ausgang hängt vom Ausgang der Probe ab!!!!

### *5) Entspannungsphase*

(nach dieser intensiven Probe doppelt wichtig!)

a) auf den Boden leben: *Rückenlage* (Augen geschlossen)
– Atem folgen – langsam aufstehen – „duschen" – sich abstreifen – (oder wie mit Reißverschluß aus eigener Haut heraussteigen!)

b) Partner-Übung: sich gegenseitig abstreifen, gegenseitig ausschütteln (vgl. Übungen Seite 57 ff.)

c) gemeinsamer Atem-Strom (Seite 61 c2)

## Probenbeispiel C

OBERSTUFE
Amateurtheater

*Aristophanes: **„Lysistrata"***
*Eröffnungs-Szene:* Grundgedanke ist die Auseinandersetzung der Geschlechter: Krieg – Mann / Frau – Frieden

### *1) Aufwärmphase*

a) Freitanzen (jede/r für sich!) zum Musiktitel: „Macho – Macho"
b) Rücken an Rücken tanzen (möglichst in gemischten Paaren)
(Körper, so gut es geht, in Berührung)

### ***2) Sensibilisierung*** (Improvisation)

a) *typisch männliches Machogehabe*
a 1) Gang / Mimik / Gestik / Sprechen (auch von weiblichen Mitspielern)
a 2) alles stark in Karikatur übergehen lassen
a 3) einfrieren
a 4) Macho-Verhalten „reproduzierbar" machen:
☐ der fröhliche Macho (erfolgreich)
☐ der frustrierte Macho („Es hat mal nicht geklappt!")
☐ der zielstrebige Macho („Ich will sie haben!")

b) *Tableaus*
☐ Teilnehmerinnen formen wie Bildhauer aus Teilnehmern Machofiguren (charakteristischen Satz ins Ohr geben!)
☐ auf Klatschen verselbständigen sich diese, gehen Bei Begegnung mit anderen: Stehen, Protzen, Sprechen …

c) Tableau-Macho in Pose einfrieren – Teilnehmerinnen „schmeißen sich an“ (Gruppieren um ein Idol!) …
Musik (Macho, Macho …) setzt ein. Langsamer Übergang der Mimik der Spielerinnen von „Anschmeißen“ bis zur „völligen Ablehnung“: „Du kotzt mich an!“

***3) Übertragung auf Spielsituation***
(Szene I/2: Chor der alten Frauen)

Jede Spielerin erhält einen Satz!
Spielen: Gehen / Stehen / Mimik / Gestik / Sprechen des Satzes in der „Einstellung“: „Du kotzt mich an!“
Begegnungen mit männlichen Spielern!

***4) Entspannung:*** (gemischte Paare)

☐ Abstreifen der Spannungen
☐ Abschütteln
vgl. Seite 57 ff.

***5) Gemeinsame Körperschwingung*** (pro Teilnehmerin 1x) vgl. Seite 61 ff.

## ... das wirklich Wichtige

Natürlich könnten diesen Probenvorschlägen noch viele angefügt werden. Denken wir z. B. nur an die äußerst dichte Szene in Camus' „Belagerungszustand", in der die „Sekretärin" durch Streichen eines Namens in ihrem Buch eine x-beliebige Spielerin „auslöscht" und sie in sich zusammensinken läßt – eine Szene, die während einer Improvisationsphase entstand und die an innerer Dramatik kaum zu überbieten ist.

Oder denken wir an die Möglichkeit, fließende und abrupte Übergänge in die Zeichnung eines Chores einzubauen, wenn er, wie der Chor der Frauen von Cádiz im gleichen Stück in einer „Klatsch-Impuls" ausgelösten „Drei-Schritt-Folge" seine Körbe vom Boden reißt, drei Schritte auseinanderrennt, dynamisch angewurzelt (Gangart 4 – Tschechow S. 35) mit grimmer Miene stehen bleibt und eine Frau sich anklagend aus ihm löst. Ein weiterer Klatsch-Impuls treibt den Chor wieder zu einer straffen Bewegung an: nur Abstellen der Körbe und das „Ha!" aus der nächtlichen Schleichszene – siehe Seite 85 Nr. 2 d – aufgreifend – und verschärft dadurch noch die Dynamik und die innere Spannung des Gruppenausdrucks.

Aber ich denke, das wirklich Wichtige, auf das es uns ankommen sollte, konnte auf diesen Seiten aufgezeigt werden: nämlich vom Körperlichen ausgehend zur Sprache zu gelangen, vom eigentlichen Ausdrucksmittel der Kreatur zum umfassenden Text oder vom eigentlich Menschlichen zur Kraft seines

Ausdrucks und zum Verständnis seiner Sprache und seiner Welt.

*„Tatort Theater“* als eine kleine Hilfe, die Welt von der „kleinen“ Bühne aus etwas besser zu verstehen, sie mit Spaß und Ernst zu verstehen, sie glaubhaft zu machen und jungen Menschen glaubhaft zu vermitteln, darauf kam es uns an: Verständnis zu wecken für das Theater, für sein heimliches Lächeln und Weinen und für die Kraft und den Mut, die es zu jeder Zeit den Menschen geben konnte – gerade, wenn es ihnen manchmal an Phantasie etwas fehlte.

*Der Autor*

Wolfgang Mettenberger, Jahrgang 1949, Gymnasiallehrer in Heidelberg. Langjährige Bühnenpraxis im Theaterensemble der „Carl-Zuckmayer-Gesellschaft Mainz e.V." (Leitung: Wolfgang Ohm), in der „oper alternativ" Mannheim (Prof. Eberhard Streul) und mit kleinen eigenen Programmen.

Ausbildung zum Multiplikator für das Schultheater (Theaterlehrer) durch das Ministerium für Kultus und Sport Baden-Württemberg, seit 11 Jahren Leiter von Schultheatergruppen; gab zahlreiche regelmäßige Lehrerfortbildungen und Theater-Workshops (Straßentheater, Körpertheater und Improvisation, Dramaturgie und Regie) und ist seit 1989 Leiter der Theater- und Spielberatung Baden-Württemberg e.V. in Heidelberg.

## die Reihe 8–13 wird fortgesetzt

Jährlich erscheinen zwei Bände zu grundlegenden Themen der Jugendarbeit. Bei fortlaufenden Bezug im Abonnement beträgt die Ersparnis rund 15 %

Folgende Bände sind in Vorbereitung

**Traumwelten**
Wünsche und was man damit machen kann

**Wilde Mädchen, brave Jungs?**
Von der Erziehung der Geschlechter

**Gruppen leiten**
Handbuch 8–13

**Stille und Einkehr**
Meditation in Kindergruppen

**Zeichen setzen**
Symbole in der Gruppenarbeit

**Wieder von vorne anfangen**
Von Ansprüchen, Wünschen, Hoffnungen

**Keine Zeit für Langeweile**
Bewegung in die Gruppe bringen

**Burckhardthaus-Laetare Verlag**
Offenbach/M.